はじめての菱刺し

伝統の刺し子を楽しむ図案帖

倉茂洋美

河出書房新社

もくじ

4   はじめに

菱刺しで楽しむ小物

6   ひとつの模様を反転させてデザインしたコースター
8   ふたつの模様を組み合わせたコースター
10   丸いブローチ　大きな丸と小さな丸
12   ティーコゼー
13   なべつかみ
14   リボンテープ
15   皿敷き
16   ピンクッション
17   小さな針入れ
18   ブックカバーとしおり
19   たて長バッグとミニバッグ

20   菱刺しについて

菱刺し見本集

22   地刺し　>> 1 - 44
38   型刺し　>> 45 - 113
52   丸刺し　>> 114 - 115
53   三蓋菱　>> 116

54   菱刺しの基本
    糸について／布について／道具について
    糸の扱い方／糸の通し方／布の扱い方

56   基本の刺し方1：型刺し
60   基本の刺し方2：地刺し
62   基本の刺し方3：丸刺し

65   菱刺し図案帖と小物（p.6-19）の作り方

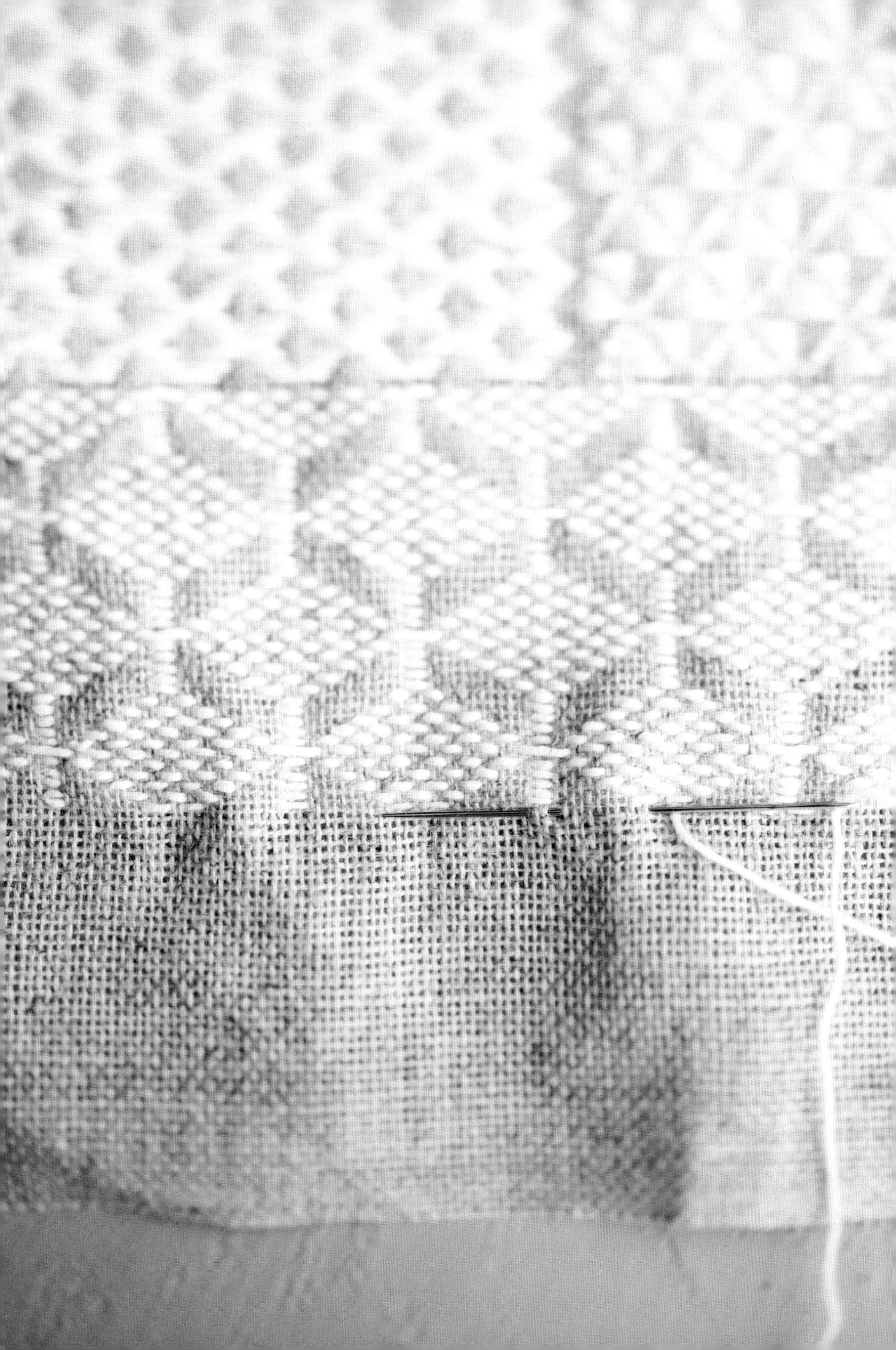

はじめに

菱刺しは青森県南部地方で生まれ、伝えられてきた刺し子のひとつです。

200年あまり前、この地方は寒冷な土地柄、綿の栽培は難しく、
農民の衣服は自給自足できる麻が一般的でした。
さらに、農民は衣服に制限をかけられ、
木綿の着用が許されておらず、麻布を着るように定められていました。
そのため、衣服の強度、保温性を高めようと
目の粗い麻布の布目を埋めるように糸を重ねて刺すようになります。
それは自然に生まれた生活の知恵だったのです。

明治中頃、鉄道の開通によって木綿がこの地方にも入るようになり
やがて色毛糸も使えるようになりました。
大正の終わり頃には交通も発達し、衣類の入手が容易になり
女性たちは織りや刺しから解放され、菱刺しは急速に廃れていきます。
その後、昭和初期の民藝運動をきっかけに、
南部菱刺しは柳宗悦氏らによって高く評価され、見直されるようになりました。

私が菱刺しと出合ったのは11年前。
これは刺繍だろうか、織物だろうか……と目にした美しい模様。
そのとき、はじめて「菱刺し」という名前を知りました。
布目を埋めるように刺された菱と模様の数々、
糸の流れが生み出す世界に感動しました。

当時、唯一あった『菱刺しの技法』という本をたよりに、
著者の八田愛子先生にご指導賜ることができました。
実際の衣類から模様を採集された田中忠三郎先生の『南部つづれ菱刺し模様集』、
さらに現代でも刺しやすく活用しやすい大きさにリサイズし、
創作模様と古作も加えた八田愛子先生、鈴木堯子先生の『菱刺し模様集』。
私はこうした文献に学ぶことができましたが
今ではこの三冊は入手することが難しく、菱刺しに関する本はほぼありません。
この美しい「菱刺し」を後世に伝えていけたらと思っていたところ
ご縁があってこのような形で出版することとなりました。

200年も前から刺し継がれてきた菱刺し。
保温、補強など生活のための手仕事からはじまったものですが
ひと針、ひと針刺していくのは昔も今もかわりません。
昔の人たちに思いをはせながら、この日本に生まれ育った美しい手仕事が
少しでも受け継がれていくことを心より願っています。
そして、はじめて「菱刺し」に触れる方にも楽しんでいただけたらと。

菱刺し図案の表記に関しては『菱刺し模様集』にならい、
小物に仕立てる際の模様の組み合わせや色使いなどはオリジナルで提案しています。

この本を通して、菱刺しの魅力をたくさんの方に知っていただけたら幸いです。

倉茂洋美

菱刺しで楽しむ小物

この本に掲載されている見本集（P.22～53）から
図案を選んで刺し、小物に仕立ててみました。

ひとつの模様を反転させて
デザインしたコースター

菱刺しは裏も美しいのが特徴です。
ひとつの模様の表と裏を、1枚のコースターに刺しました。
2分割のグラフィカルなデザインを楽しんで。

how to ›› p.85

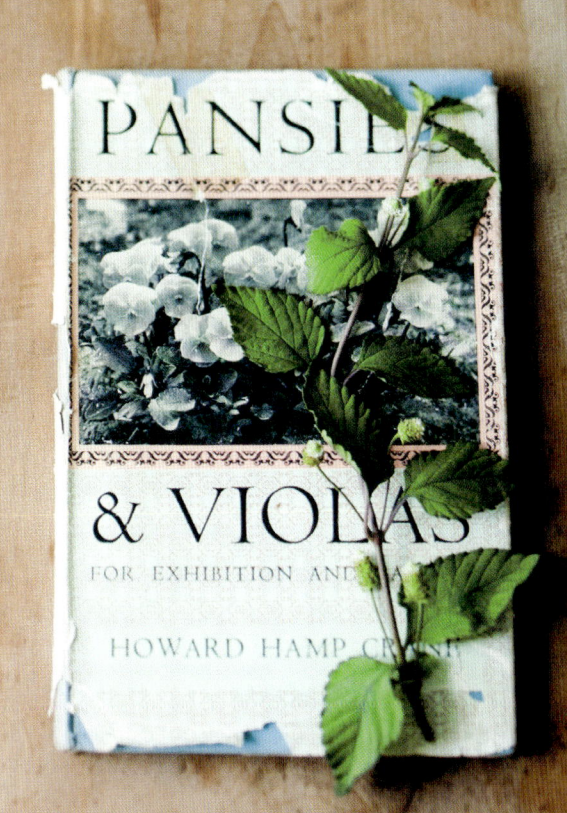

ふたつの模様を組み合わせた
コースター

ふたつの模様はコースターの真ん中で分割せずに
模様にあわせて、自由に配して。
色の組み合わせとともに楽しみましょう。

how to ›› p.85

A

B

C

F

D

G

E

H

丸いブローチ
大きな丸と小さな丸

ひとつの模様を１色で刺したり、ふたつの模様を合わせたり、
全面に刺したり、余白を残したりと、
模様と色の組み合わせは無限にあります。
大きな丸はコートの衿やバッグに、小さな丸は帽子や小物のアクセントに。

how to ›› p.86

b

D

E

g

c

f

e

d

ティーコゼー

さまざまな模様をいろいろな形のスクエアに。
糸は、暖かそうな赤系の4色を使い
自由に刺して、リズミカルなデザインになりました。

how to ›› p.87

なべつかみ

ふたつの模様を組み合わせてデザインした鍋つかみ。
黒一色でシックに仕上げたり、模様ごとに糸の色をかえたり。
Bは手を入れられるポケット付きの形に仕立てました。

how to >> p.88

A

B

リボンテープ

市販の麻テープに、単純な模様の繰り返しを刺すだけで
ひと手間かけたオリジナルのリボンテープが仕上がります。

how to >> p.89

皿敷き

「地刺し」を円形に刺すと、また違った印象を楽しめます。
大切なお皿を収納するときお皿の間に敷いたり
ポットマットとして使っても。

how to >> p.89

A

B

C

D

15

ピンクッション

とんがり三角と丸いポンポンがかわいいピンクッション。
平面の状態で模様を刺して組み立てると、
三つの面それぞれに、さまざまな模様が表れます。
how to >> p.90-91

小さな針入れ

お気に入りのビーズを付けたひもをほどいて、
中に挟んだフェルトに針を刺して収納できる針入れ。
小さいので携帯用にも便利です。
how to >> p.92

A　B

17

ブックカバーとしおり

ブックカバーには、2色づかいの「丸刺し」を並べて
上下に「地刺し」のラインを入れました。
小さな菱模様を組み合わせたしおりとともに。

how to ›› p.89, 93

A

B

たて長バッグとミニバッグ

たて長バッグには「丸刺し」を、
ミニバッグには「三蓋菱」を刺し
それぞれ、両サイドまたは上下に
「地刺し」を配しました。
ナチュラルな麻布に白一色で大人っぽく。

how to ›› p.94-95

菱刺しについて

菱刺しは平織りの布の目を数えながら刺し進めていく手法から、津軽のこぎん刺しと並び称されることも多くありますが、それぞれ違った特徴を持っています。

刺し方にも違いがあり、菱刺しは布の縦糸を2、4、6……と偶数目をひろいますが、こぎん刺しは1、3、5と奇数目をひろうので、菱刺しは横長の菱に、こぎん刺しは縦長に仕上がります。

また、菱刺しはたくさんの模様を煉瓦を積み上げていくように構成しながら菱を刺し進め、面を埋めていきます。途中で菱模様を変えてみたり、糸の色を変えてみたりということが可能なので、気楽で自由な心持ちで進められます。

水田地帯の津軽では、上半身の長着にこぎん刺しが施されたものがとても多いのですが、畑作地帯の南部では、タッツケと呼ばれる股引き（ももひき）や前掛けの中巾（中央布）などに施したものが多いようです。

菱刺しの「ねこのまなぐ」　　　こぎん刺しの「ねこのまなぐ」

目数の数え方

型刺し（右記ページ参照）は、一番外側の菱枠（アシガイ）以外の模様の目数を数えて表記します。この場合は「10×5」となります。

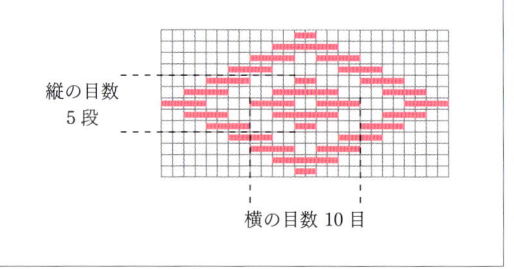

縦の目数 5段
横の目数 10目

菱刺しの種類

地刺し >> 1-44 (p22-37)

一つの模様を繰り返していく刺し方で、広い面積を刺すのに向いています。小さなものに仕立てるときには、一模様が大きなものでは入りきらないこともあるので、作りたいものの大きさにあわせて、模様を選ぶようにするとよいでしょう。中には、名前がついているものもあります。

型刺し >> 45-113 (p38-51)

菱刺しの代表的なもので、アシガイと呼ばれる枠に囲まれた菱の模様です。さまざまな模様、大きさのものが伝えられており、「うめのはな」「ねこのまなぐ」といった名前が伝わっているものから、名前がないものもあります。

丸刺し >> 114-115 (p52)

菱を4つ並べ、さらに縦に刺す部分を作ることで、丸を表現したものです。使う菱によって、仕上がる丸の印象も異なります。さまざまな菱で試してみても楽しいでしょう。

さんがいびし（三蓋菱、三階菱） >> 116 (p53)

大きさの違う菱を三つ縦に重ねて並べた形で、菱刺しに限らず、日本では古くから紋に使われてきた形です。三階菱と表記されることもあります。

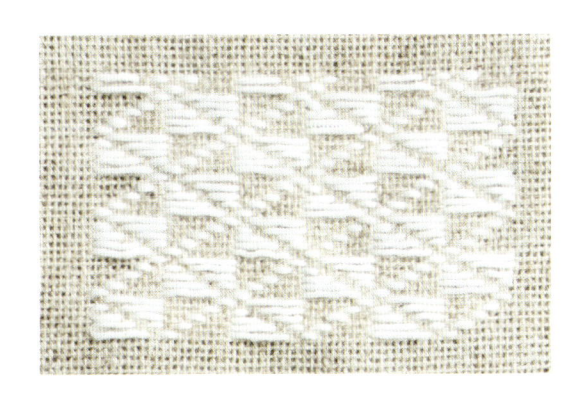

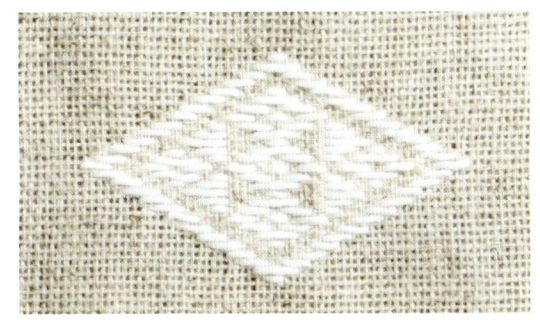

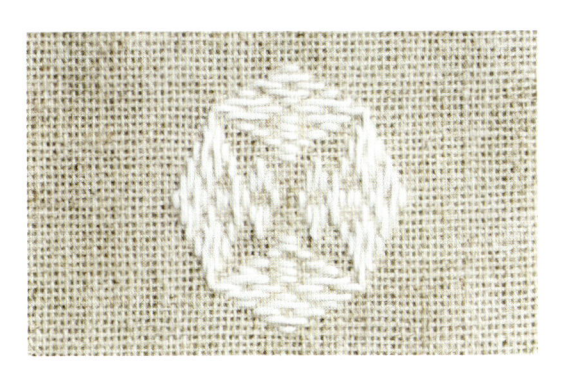

菱刺し見本集

地刺し

1 (>>p.65)　　　2 (>>p.65)

3 (>>p.65)　　　4 (>>p.65)

5 (>>p.66)

6 (>>p.66)

7 (>>p.66)

8 (>>p.66)

9 (>>p.66) あみのふし 10 (>>p.66)

11 (>>p.66) 12 (>>p.66)

13 (>>p.67)   14 (>>p.67)

15 (>>p.67)   16 (>>p.67)

17 (>>p.67)   18 (>>p.67)

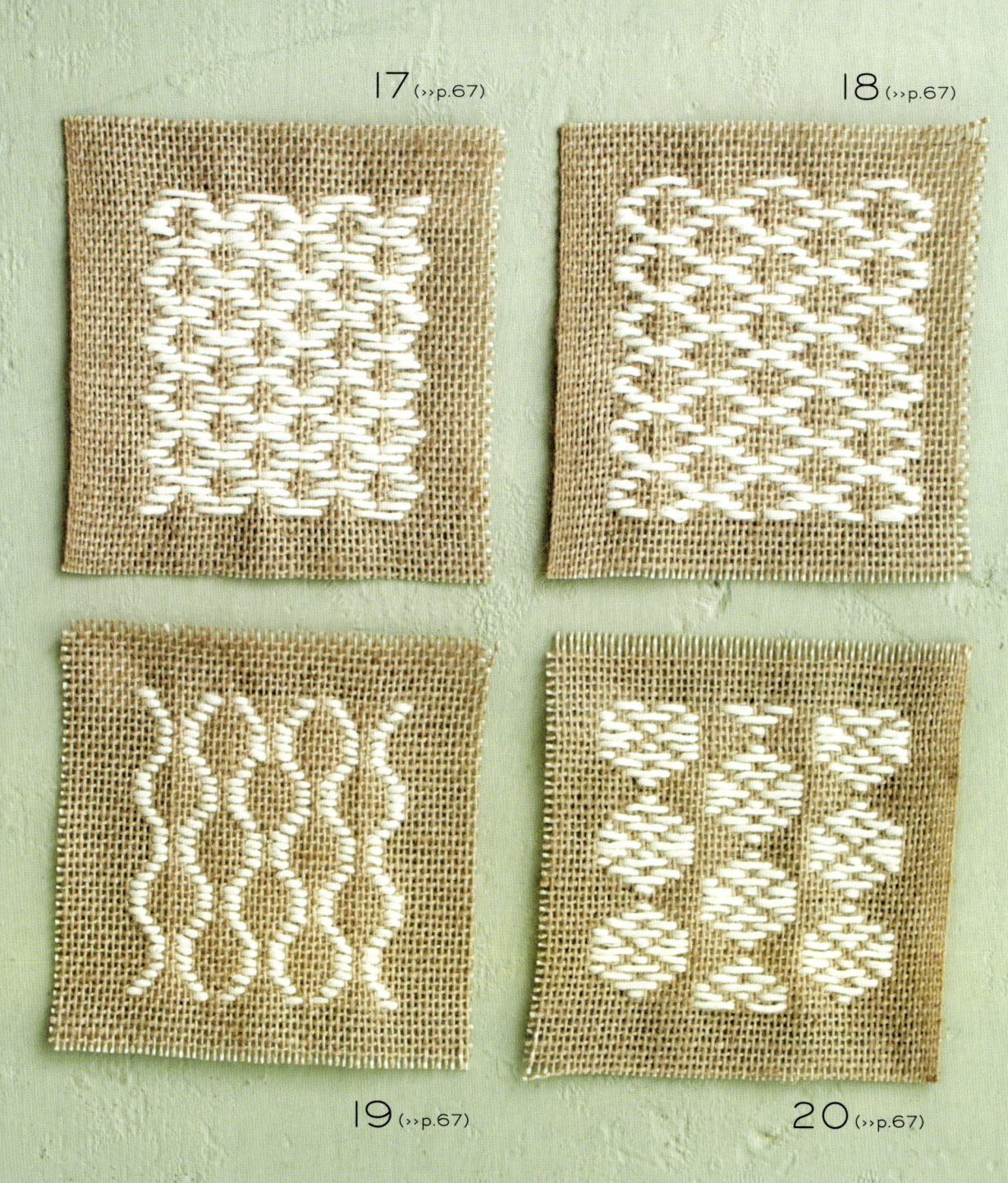

19 (>>p.67)   20 (>>p.67)

すすきのたばね 21 (>>p.67)

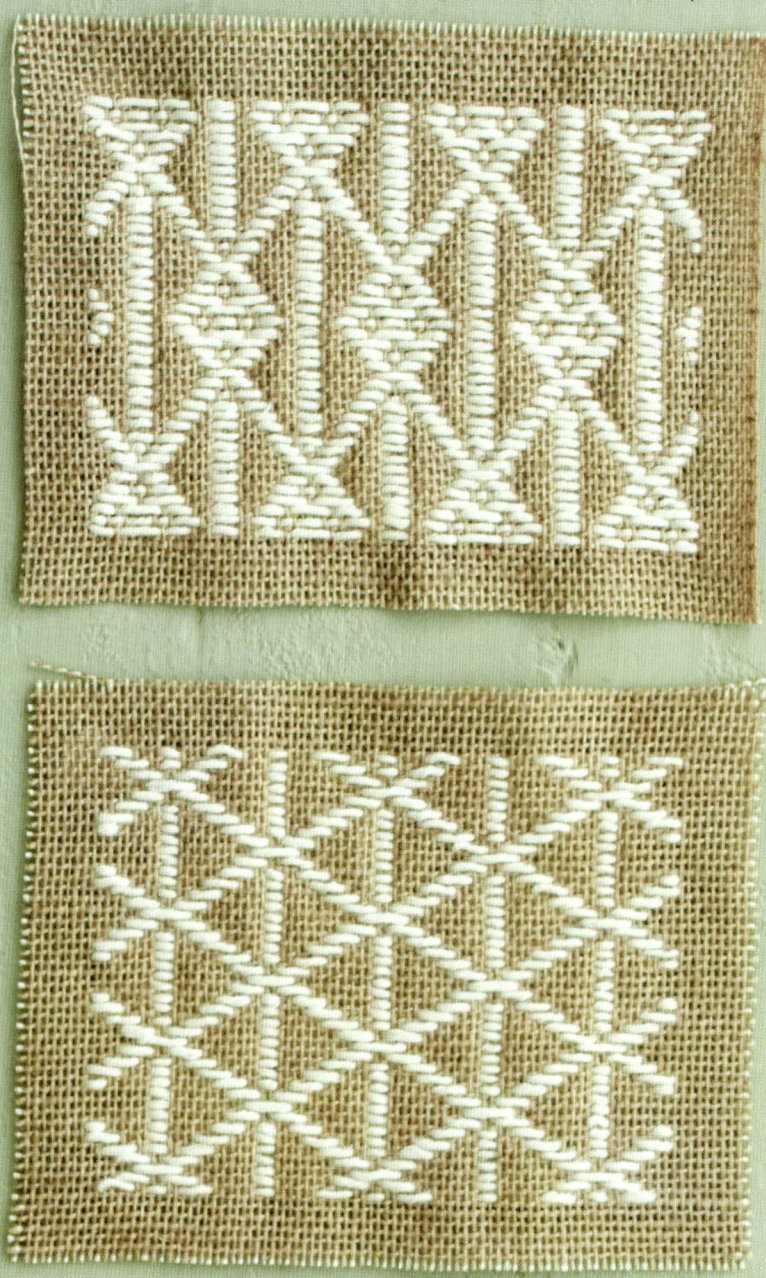

22 (>>p.68)

23 (>>p.68)

24 (>>p.68)

25 (>>p.68)

26 (>>p.68)

27 (>>p.68) いしだたみ 28 (>>p.68)

いしだたみ 29 (>>p.68) 30 (>>p.68)

31 (>>p.69)   32 (>>p.69)

33 (>>p.69)   34 (>>p.69)

35 (>>p.69)

たてあやすぎ　　　　　　36 (>>p.69)

37 (>>p.69)

38 (>>p.69)

すぎあや 39 (>>p.70)

40 (>>p.70)

41 (>>p.70)

42 (>>p.71)

43 (>>p.71)

44 (>>p.71)

型刺し

名前が伝わっている型刺し

うめのはな（梅の花）

菱刺しの中でも代表的な模様。
45や47には中央の梅の上下左右に、小さな菱がありますが
これはつぼみを表現しているとされています。
つぼみのない46のようなものは
特に「くんしょっこ（勲章っこ）」といいます。
また、この「うめのはな」を
「はなのもんこ（花の紋こ）」という地域もあります。

45 (>>p.72)
42×21

46 (>>p.72)
34×17

47 (>>p.72)
38×19

いしだたみ（石畳み）

48 (>>p.72)
38×19

49 (>>p.72)
38×19

50 (>>p.73)
46×23

51 (>>p.72)
38×19

あじろ（網代）

みっつびし（三つ菱）**52** (>>p.73) 50×25

よっつびし（四つ菱） **53** (>>p.73) 42×21

いつつびし（五つ菱） **54** (>>p.73) 46×23

ななつびし（七つ菱） **55** (>>p.74) 46×23

ここのつびし（九つ菱） **56** (>>p.74) 46×23

ひょうたん（瓢箪）

57 (>>p.74)
58×29

58 (>>p.74)
42×21

59 (>>p.75)
46×23

60 (>>p.75)
38×19

あいしげます（綾杉升）

升が幾重にも重なっている様です。
「あやすぎ」「すぎあや」などとも呼ばれ
日本では、古くからある代表的な模様です。

うろこもん（鱗紋）

61 (>>p.75)
38×19

62 (>>p.75)
38×19

63 (>>p.75)
30×15

64 (>>p.76)
38×19

そろばんだま（算盤珠）

なしのもんこ（梨の紋こ）　　ゆりのもんこ（百合の紋こ）

65 (>>p.76)
42×21

66 (>>p.76)
58×29

67 (>>p.76)
50×25

68 (>>p.77)
42×21

こんぶ（昆布）　　こま（独楽）

ねこのまなぐ（猫の目）

69 (>>p.77) 30×15

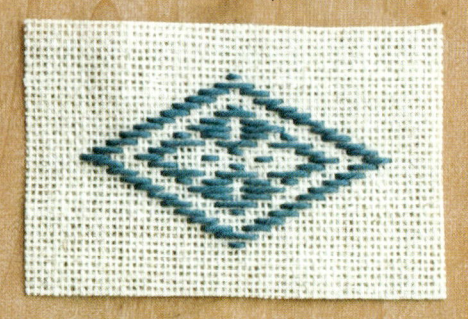

うまのまなぐ（馬の目）

70 (>>p.77) 42×21

「まなぐ」とは「目」のこと。
猫、馬、それぞれの目を表現した模様です。

71 (>>p.77) 50×25

べこのくら（牛の鞍）

「べこ」とは東北地方で牛のこと。
牛に乗るときの鞍を表しています。

72 (>>p.77) 42×21

73 (>>p.78) 50×25

74 (>>p.78) 46×23

75 (>>p.78) 46×23

きじのあし（雉子の足）

菱の二辺に沿うように
小さな菱が並び、
そこから線が出ている図案を
このように呼びます。
きじの足跡に似ていることから
つけられた名前です。

76 (>>p.78) 38×19

やばね（矢羽根）

弓矢の羽根を、矢の先の方から眺めたときに
四枚の羽根がこのように形作っている様子を
表した模様です。

型刺しには名前がついていないたくさんの菱模様があります。
模様を組み合わせてデザインするとき、菱模様の目数が重要となります。
ここでは、たくさんある菱模様の一部を目数ごとに紹介します。

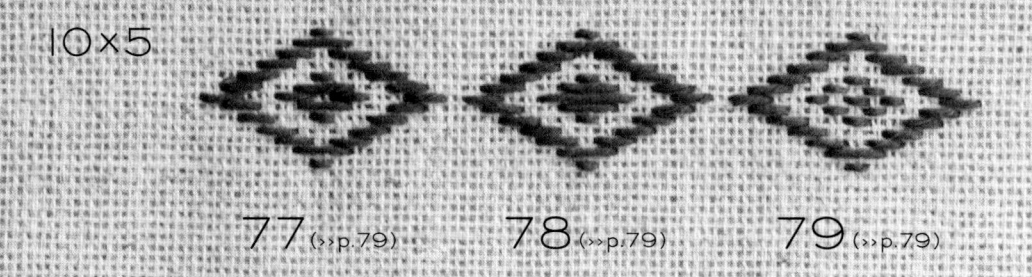

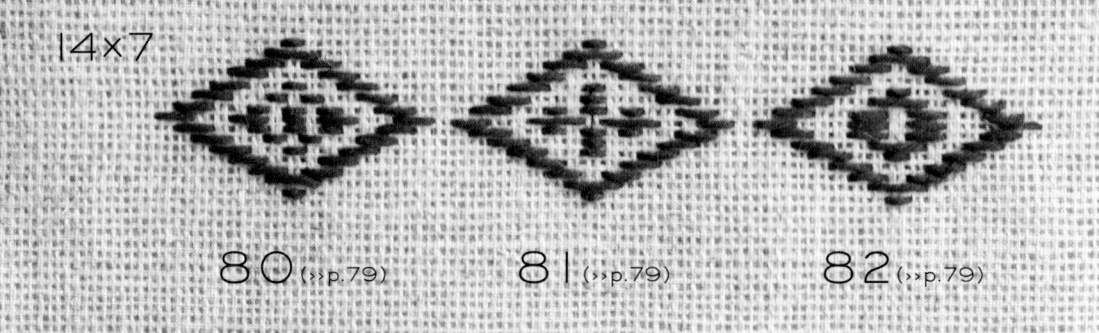

10×5

77 (›› p.79)　　78 (›› p.79)　　79 (›› p.79)

14×7

80 (›› p.79)　　81 (›› p.79)　　82 (›› p.79)

18×9

83 (›› p.79)　　84 (›› p.79)　　85 (›› p.79)

86 (>>p.79)

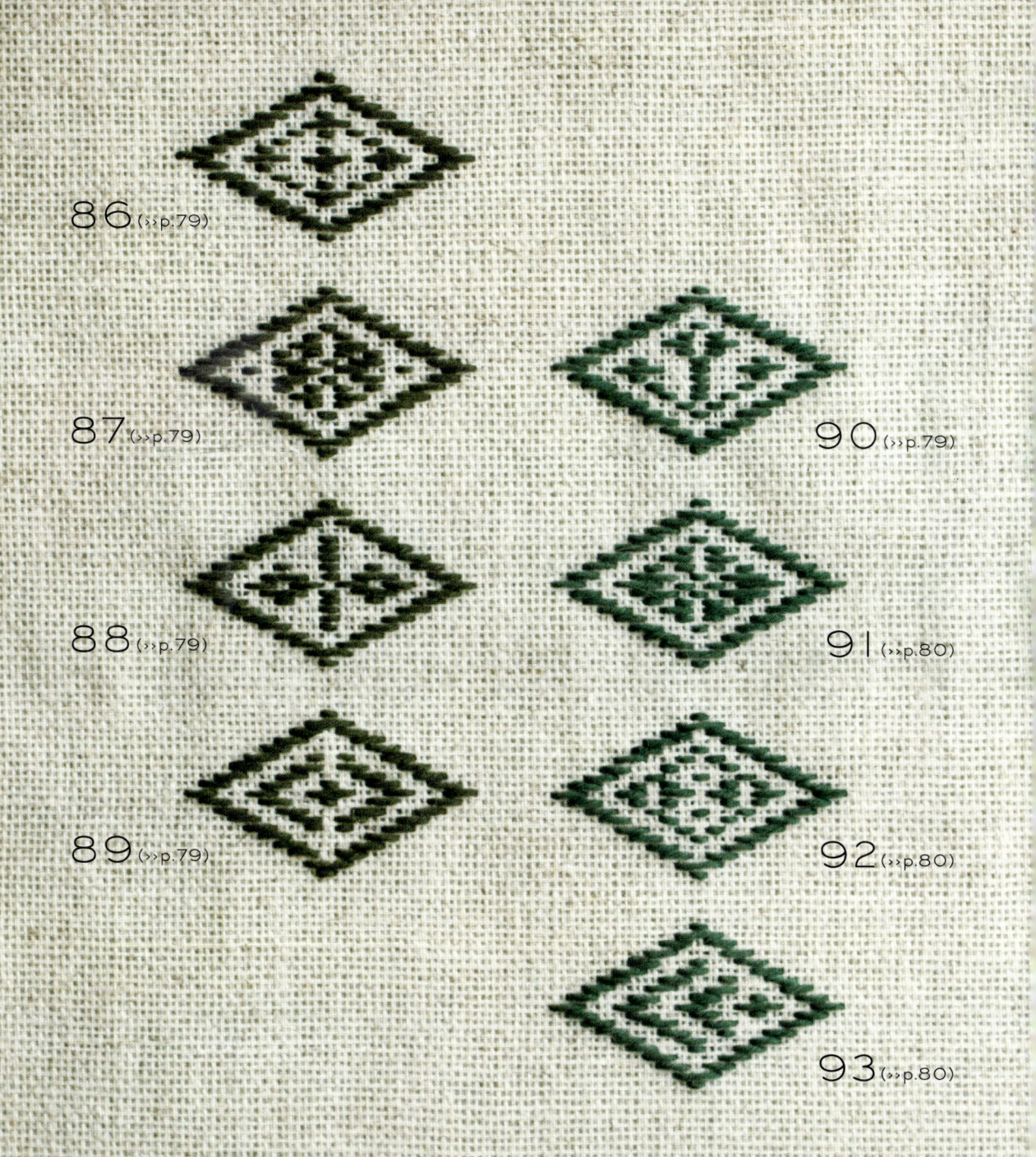

87 (>>p.79)

88 (>>p.79)

89 (>>p.79)

90 (>>p.79)

91 (>>p.80)

92 (>>p.80)

93 (>>p.80)

22×11

94 (>>p.80)

95 (>>p.80)

96 (>>p.80)

97 (>>p.80)

98 (>>p.80)

26×13

99 (»p.80)

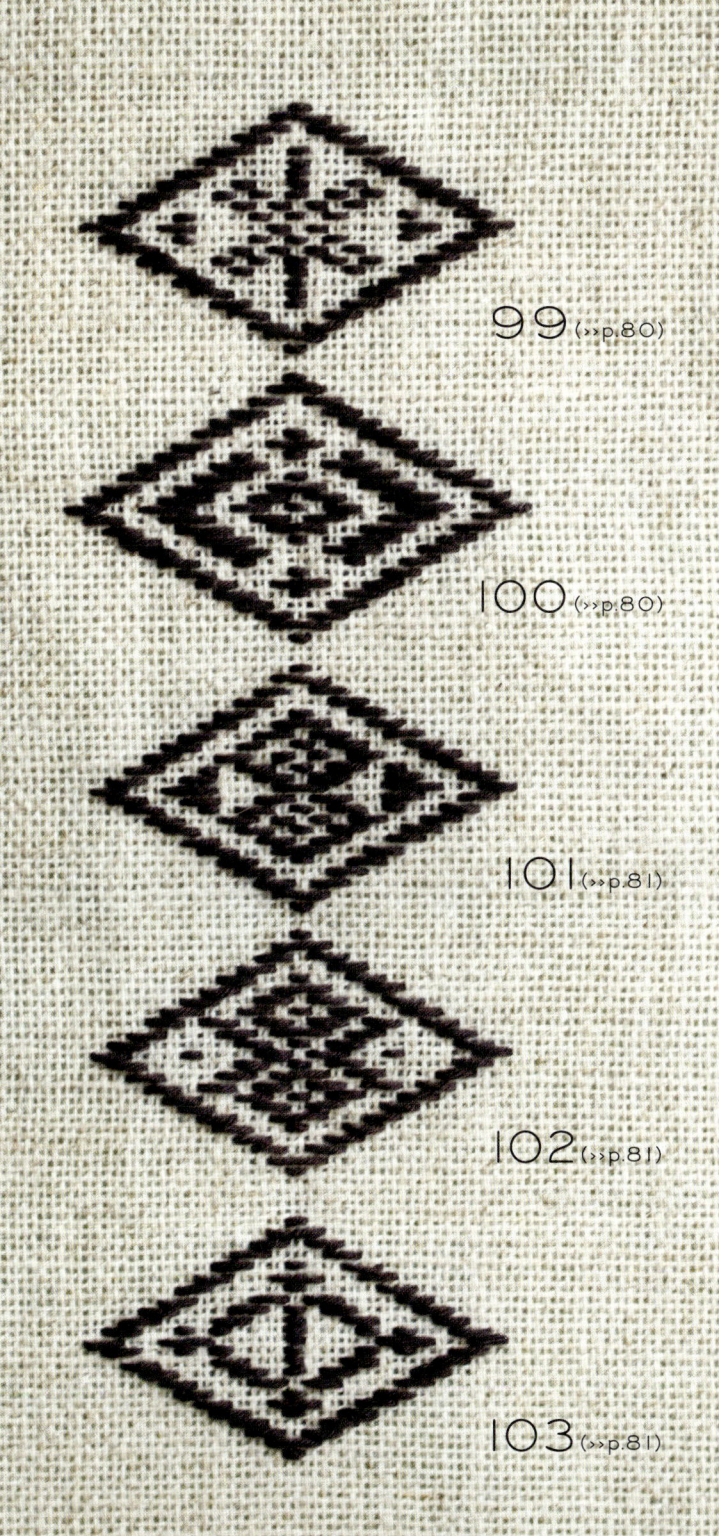

100 (»p.80)

101 (»p.81)

102 (»p.81)

103 (»p.81)

30×15

104 (>>p.81)

105 (>>p.81)

106 (>>p.81)

107 (>>p.81)

108 (>>p.82)

34×17

109 (>>p.82)

110 (>>p.82)

111 (>>p.82)

112 (>>p.82)

113 (>>p.83)

38×19

丸刺し

菱の大きさを変えることで、大きい丸や小さい丸を作ることができます。
小さい丸の中の模様は自由に作ってみましょう。

114 (>>p.83)

115 (>>p.83)

さんがいびし（三蓋菱、三階菱）

菱を三つつなげた模様の「さんがいびし」。
ここでは、いくつも並べて刺しました。
好みのさんがいびしを選んで刺したり
複数の色で刺したりしても素敵です。

116 (>>p.84)

菱刺しの基本

ここでは、菱刺しをはじめる前に用意するものと準備の仕方を紹介します。
実際に使いながら、自分が使いやすい道具や材料を見つけていきましょう。

糸について

細い綿糸を数本撚り合わせたものを使用。
この本では、青森の手芸店「つきや」オリジナルの「こぎん糸」を使っています。発色がよく、きつめに撚ってあるのが特徴。綿100%。

a．8本合、1かせ約70m。生成り、白。
b．8本合、1かせ約24m。全24色。

布について

布の目を拾って刺していくため、布目が数えやすい平織りの布を使用します。この本では、「つきや」の布を使っています。

a．b．麻90cm巾で、麻100%。
　　　1cm角＝約 横8目×縦7段。
c．麻帯巾（32cm巾）で、麻30%・レーヨン70%。
　　　1cm角＝約 横9目×縦7段。

目の詰まり具合によって、同じ図案を刺しても縦横の比率が異なり、仕上がりの印象が変わります。

上＝b、下＝c。
cの方が横が詰まった仕上がりになる。

道具について

a. こぎん針
こぎん刺し専用針。布の織糸を割らないよう、先端が丸くなっています。長いと一度に目をたくさん拾いやすく便利です。

b. 皿付き指ぬき
皿手皮ともいい、運針するときや針が抜きにくいときに、あると便利です。なくても構いません。

c. 糸切りばさみ

d. チャコペン
布に中心の印をつけたり、小物に仕立てるときに型紙を布に写したりする際に使用します。

e. ほつれ止め
布端に塗ってほつれを防ぎます。少しずつ塗ること。乾くと布がかたくなるため、作る物の用途に合わせて使用する。

f. 定規

菱刺しをはじめる前に

糸の扱い方

1　こぎん糸のラベルを取り、かせのねじれをほどく。輪の状態に広げる。

2　結び目をほどき、輪の1箇所をカットする。

3　使う糸を1本ずつ引き抜く。

糸の通し方

1　糸端を針の外側にかけて親指と人さし指でぐっと押さえて二つ折りにし、折り目をつける。

2　1の折り目を針穴に入れて通す。玉結びせずに使う。

布の扱い方

布の耳が左右にくるように使う（軽く左右に引っぱり、のびやすい方を横にする）。布を裁ったら、耳以外の布端はまつるかほつれ止めを塗って乾くまでおく。

基本の刺し方 1
型刺し

7つの菱を組み合わせたサンプラーを例に、刺し方を紹介しています。
この場合、①の菱の真ん中の段から刺しはじめます。
目数を間違えないこと、布裏で糸をシンプルに運ぶことを優先して
やりやすい方法で刺していきましょう。

参照図案

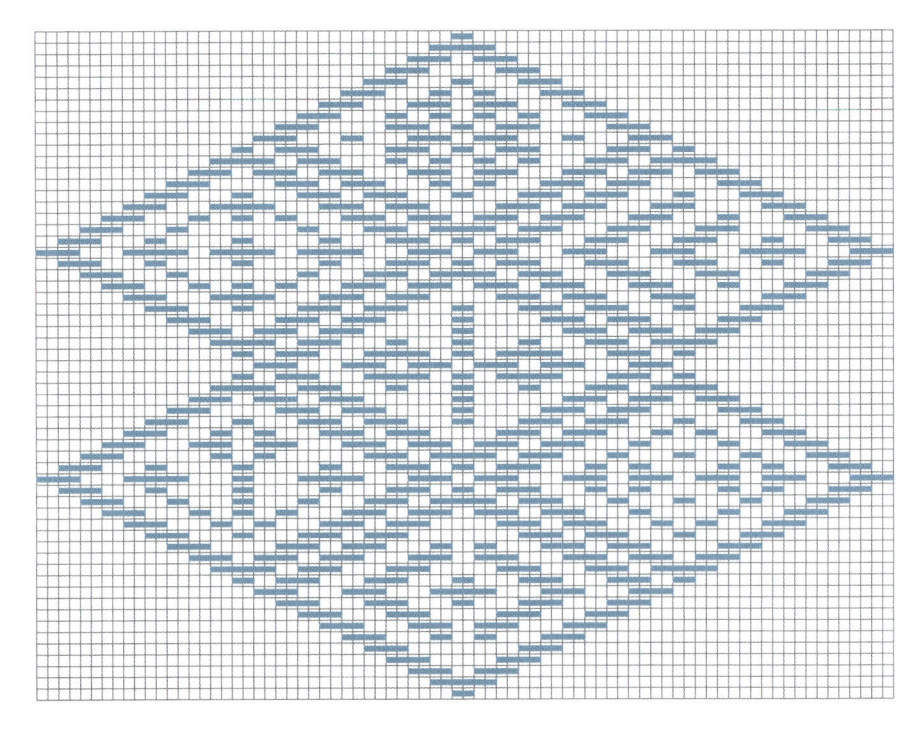

菱を刺す順

図案の方眼1マスは布の織り糸1本を表しています。方眼に色がついている箇所は刺し糸がわたっている箇所を表しています。

2マス色がついているのは、布の縦糸2本の上に糸がまたがっていると考えます。逆に2マス色がついていない箇所は、糸が裏にわたっていることになります。

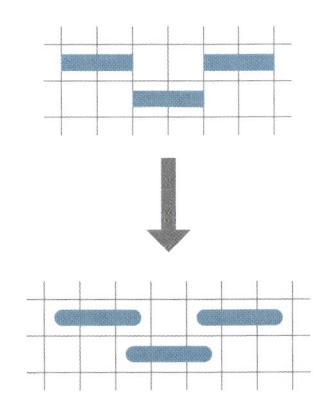

＊布の上位置に糸で目印をつけています。布の上下を間違えないように進めましょう。

1　布を四つ折りにするか、まち針で中心を決める。中心を決めたら、7つの菱のうち真ん中の菱①の中心の1段目から刺していく。

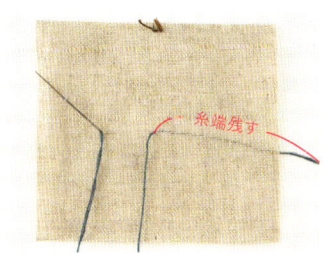

2　布の中心から、糸を表に出す。裏の糸端は、1段目右半分のための糸と糸始末用に数cm残しておく（ここでは10cmほど）。

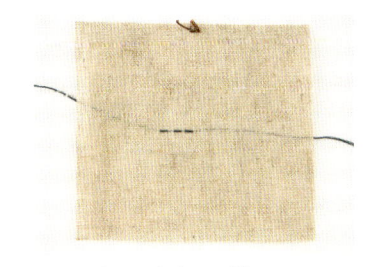

3　1段目の左半分を刺す。

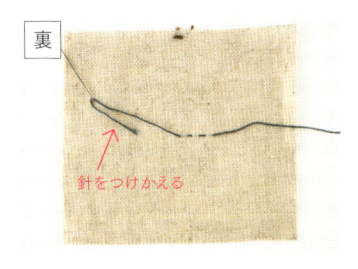

4　布を裏返し、2で残しておいた短い方の糸に針をつけかえる（この糸で1段目の残り右半分を刺す）。

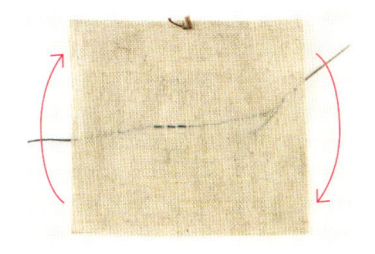

5　布を表に返す。常に針は右から左へ動かすため、布を180°回転させる（上下が逆になる）。

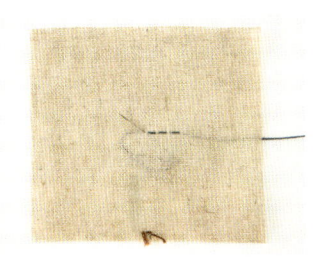

6　糸を表に出し、1段目の残り半分を刺す。

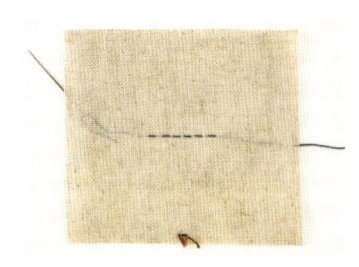

7　1段目が終わったところ。この1段目を「目立て」といい、菱の真ん中の段にあたる。このあと、菱の上半分を刺していく。

8　2段目を刺すために、糸の長い方に針をつけかえる。

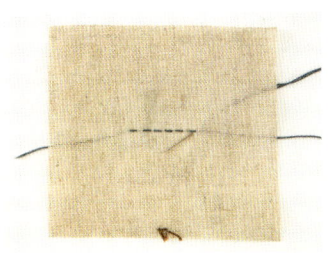

9　針を表に出す（2段目のスタート）。1段目は中心から左右に刺すが、2段目以降は常に右から左に刺す。そのため、ここでは布の上下が逆になる。

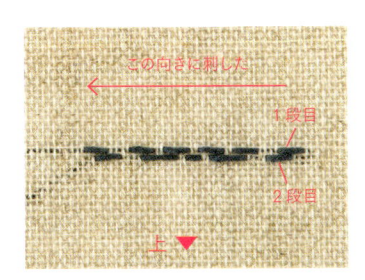

10　2段目を刺し終わったところ。

POINT
段をうつるときは、折り返しのところで糸を少したるませ、布が縮まないように糸に余裕をもたせておく。

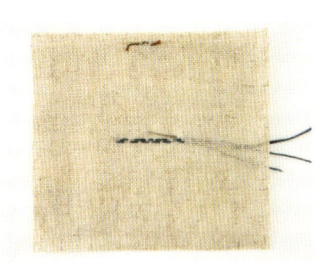

11　3段目を刺すために針を表に出す。右から左に刺し進めるため、2段目を刺したときとは布の上下を逆にする。

12　3段目を刺し終わったところ。

13　4段目を刺し終わったところ。

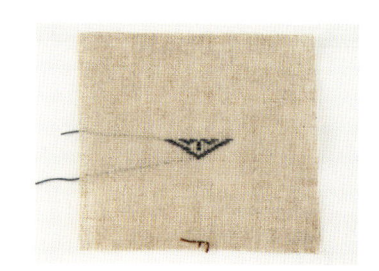

14　10段目を刺し終え、1つ目の菱の上半分ができたところ。

15　菱の下半分を刺すために、布の裏で糸を1段目まで戻す。刺した部分に針を通して、1段目まで戻り、糸を引き抜く。

16　糸を表に出し、菱の下半分の1段目を刺していく。

17　下半分の1段目を刺し終わったところ。

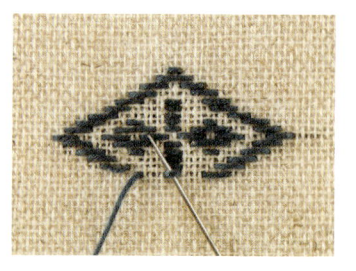

POINT
途中、布が縮まないように、針先で糸を持ち上げる。刺したところが、ふっくらと盛り上がると美しい仕上がりに。

18　菱の下半分を刺し終わり、菱が一つ完成。

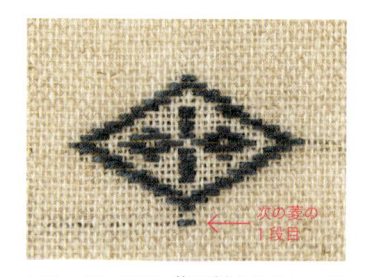

19　18の下に菱を刺すために、糸は切らずに次の菱の1段目を刺す。2つ目以降の菱は、真ん中の段からではなく菱のトップから刺しはじめる。

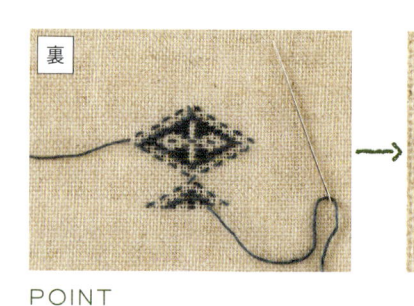

POINT
糸が短く（4～5cm程度に）なったら裏で針を抜く。新しい糸を針に通し、続きの位置から表に出す。このとき、糸端は裏で5cmほど残しておき、あとで始末する（糸端は結び目を作らず、裏の模様の間に糸を入れ込む→21）。糸の交換は、できるだけ裏の模様がくずれないところで行う。

20 2つ目の菱を刺し終わったところ。

21 ある程度刺したら、裏で糸始末をする。残しておいた糸端を針に通し、刺した部分に通して余った糸は切る。

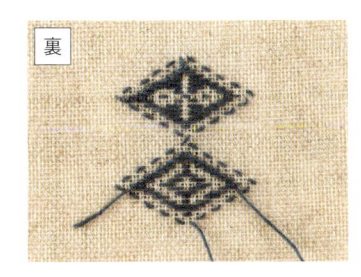

POINT 糸の始末は、糸の流れにあわせた向きに運ぶようにし、裏もできるだけ美しく仕上げる。

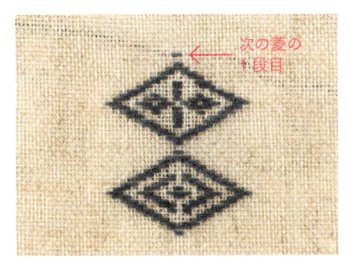

22 新しい糸で、3つ目の菱を刺す。糸端は裏に数cm残しておき、あとで糸始末する。

POINT 途中で糸の撚りが甘くなってきたら、撚りをかけながら刺していく。

23 3つ目の菱を刺し終わったところ。

24 次の菱を刺すために、4つ目の菱のトップに糸を運ぶ（糸端と同様、刺した部分の中を通す）。菱を刺す順番はできるだけ近くのものであれば、刺しやすい順で構わない。

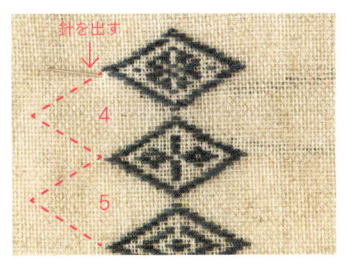

25 4つ目の菱のトップに針を出す。このまま下方向に向かって、4つ目、5つ目の菱を刺していく。

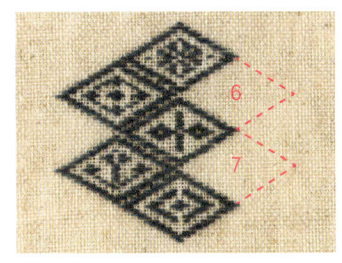

26 4つ目、5つ目の菱を刺し終わったところ。糸始末をし、新しい糸で6つ目、7つ目の菱を刺す。

27 6つ目、7つ目の菱を刺し、糸始末をして完成。裏もできるだけ丁寧に糸始末をし、美しく仕上げる。

＊ここでは、縦に並ぶ3つの菱を刺してから、両側の菱を刺す順を紹介しましたが、並んだ菱を刺す順に明確な決まりはありません。刺しやすい順に進めていきましょう。

59

基本の刺し方 2
地刺し

地刺しは繰り返しの模様なので、自由に刺す面積を広げられます。一番下の1段目だけ「中央から左側」→「中央から右側」と刺しますが、2段目以降は模様の右端から左端へと刺し進めます。慣れてきたら途中で糸の色を変えるなどして、楽しみましょう。

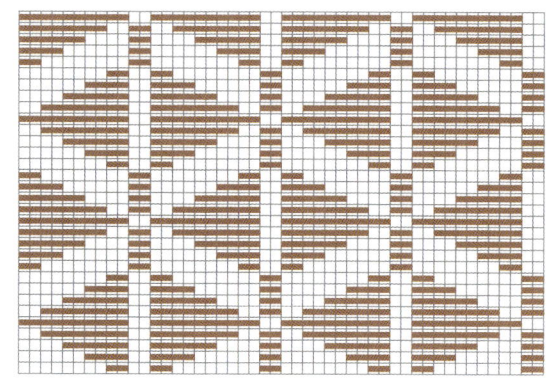

図案の方眼1マスは布の織り糸1本を表しています。方眼に色がついている箇所は刺し糸がわたっている箇所を表しています。
2マス色がついているのは、布の縦糸2本の上に糸がまたがっていると考えます。逆に2マス色がついていない箇所は、糸が裏にわたっていることになります。

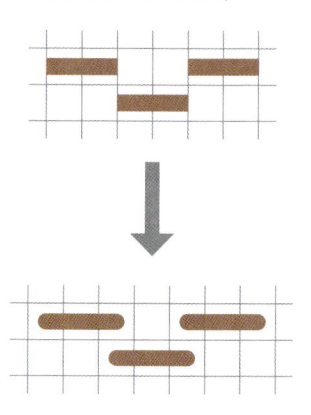

参照図案

↑中央

＊布の上位置に糸で目印をつけています。布の上下を間違えないように進めましょう。

1 図案の真ん中が分かるように、しつけをする。しつけにあわせて1段目の中央から、糸を表に出す。裏の糸端は、1段目右半分を刺す分と糸始末用に数cm残しておく（ここでは10cmほど）。

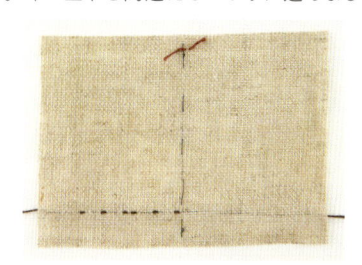

2 1段目の左半分を刺す。

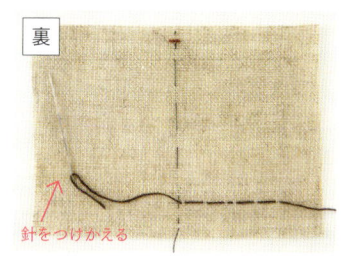

3 布を裏返し、1で残しておいた短い方の糸に針をつけかえる。この糸で1段目の残り（右半分）を刺す。

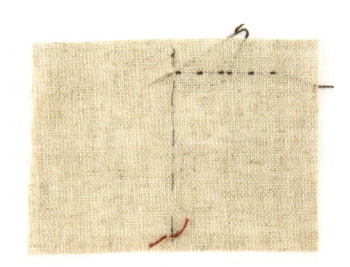

4 布を表に返し、針が右から左へ動かせるよう布を180°回転させる（上下が逆になる）。針を裏から表に出し、1段目の残り半分を刺していく。

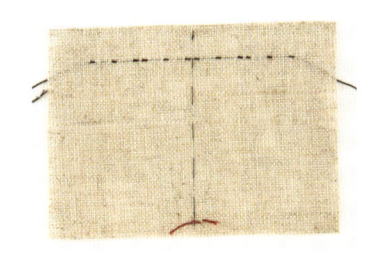

5 1段目が刺し終わったところ。

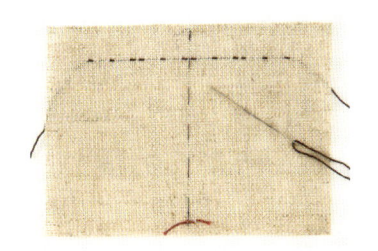

6 2段目を刺すために、糸の長い方に針をつけかえる。

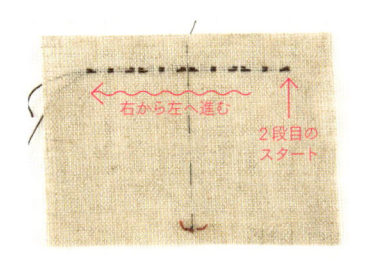

7 針を表に出し、2段目を刺していく。

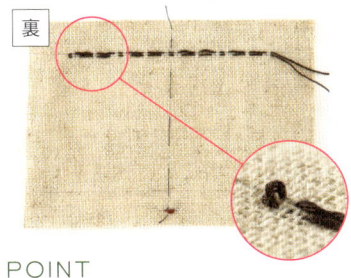

POINT
段をうつるときは、折り返しのところで糸を少したるませ、布が縮まないように糸に余裕をもたせておく。

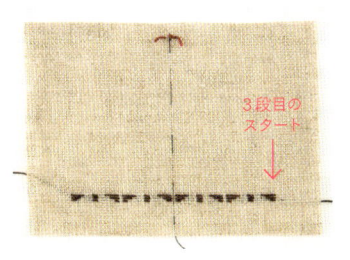

8 3段目を刺す。右から左に刺し進めるため、2段目を刺したときとは上下を逆にする。

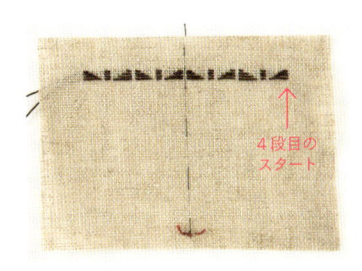

9 4段目を刺したところ。1段ごとに布の向きを交互に変えながら、刺し進める。

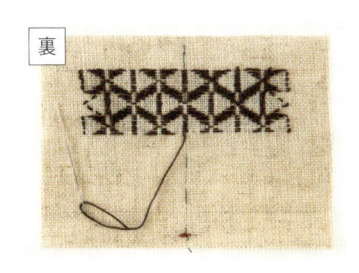

POINT
糸が短くなったら裏で針を抜き、新しい糸を通して、続きの位置から表に出す。このとき、糸端は裏で5cmほど残し、刺した部分に通して抜き、余った糸は切る。糸の交換は、できるだけ裏の模様がくずれないところで行う。

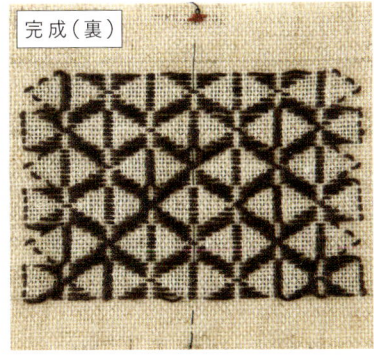

10 最後の段まで刺し、糸始末をして完成。裏もできるだけ丁寧に糸始末をし、美しく仕上げる。

61

基本の刺し方 3
丸刺し

丸刺しは菱を4つ並べて丸のように見せる図案です。
目数を間違えないように注意して刺しましょう。

参照図案

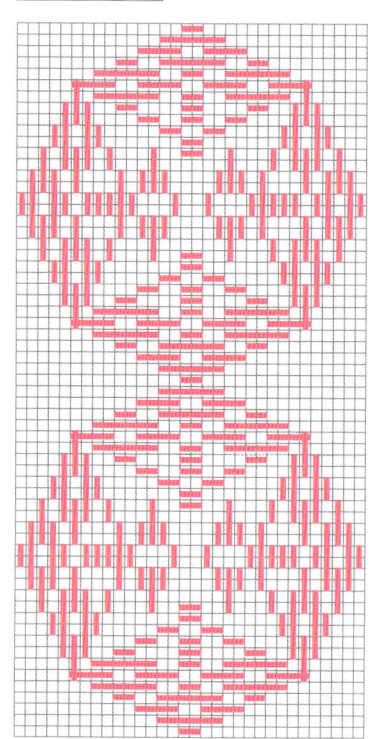

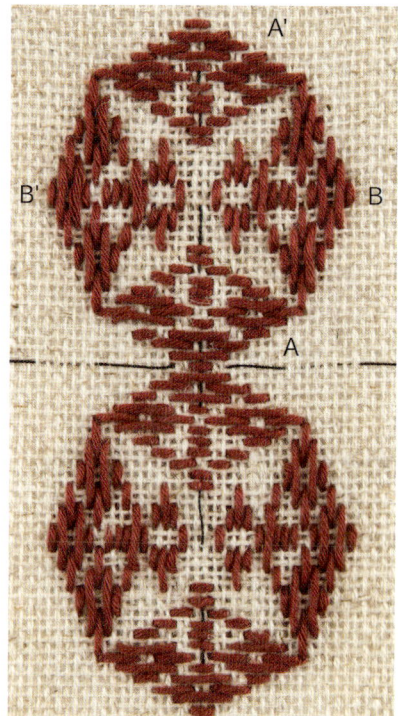

図案の方眼1マスは布の織り糸1本を表しています。方眼に色がついている箇所は刺し糸がわたっている箇所を表しています。2マス色がついているのは、布の縦糸2本の上に糸がまたがっていると考えます。逆に2マス色がついていない箇所は、糸が裏にわたっていることになります。

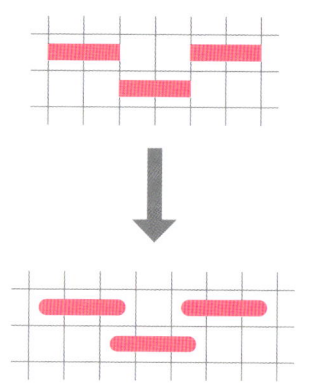

刺し方①

1つ目の菱（A）を刺したあと、向かいの菱（A'）を刺します。
p18のブックカバーのように糸の色を変えるときにおすすめの刺し方。
向かいの菱を刺す際、目数を間違えないよう注意が必要です。

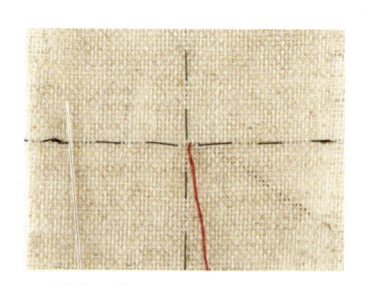

1 図案の中心が分かるように、しつけをする。しつけにあわせて1段目の中央から、糸を表に出す。裏の糸端は糸始末用に数cm残しておく（ここでは4〜5cmほど）。

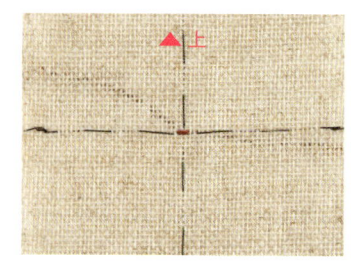

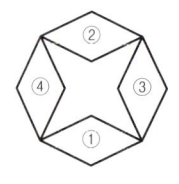

2 1段目を刺す。

3 1つ目の菱（A）ができたところ。

62

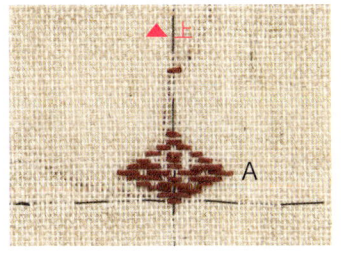

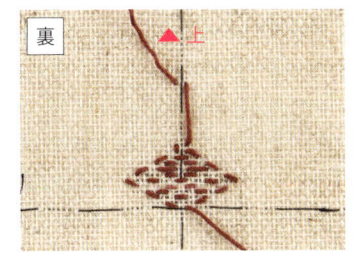

4 3の向かいの2つ目の菱（A'）を刺すために針を表に出す。目数を間違えないように注意すること。裏は糸がわたり、写真のようになる。

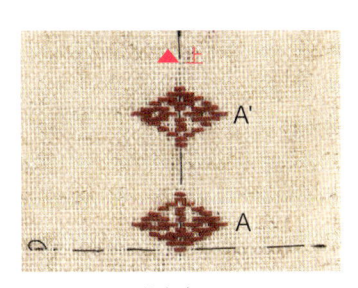

5 2つ目の菱（A'）ができたところ。

6 3つ目の菱（B）を刺すために、裏の刺した部分に針を入れて抜く。

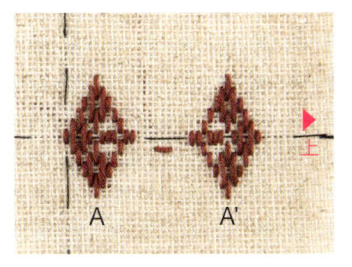

7 布を90°回転させて、3つ目の菱（B）の1段目を刺す。

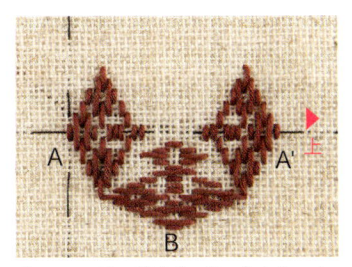

8 3つ目の菱（B）ができたところ。

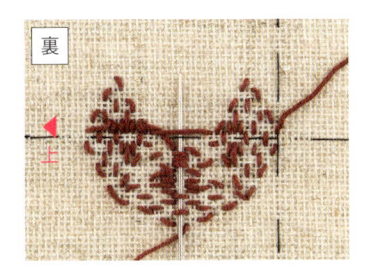

9 4つ目の菱（B'）を刺すために針を戻し、同じように進める（裏の始末がきれいに仕上がれば、どのように刺しても構わない）。

10 4つ目の菱（B'）の1段目を刺す。目数を間違えないように注意すること。

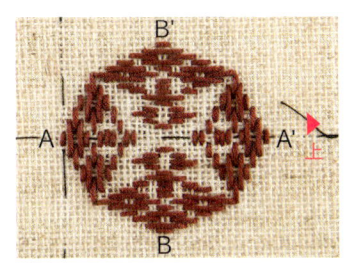

11 4つ目の菱（B'）ができたところ。

12 もう1つ丸刺しをつなげるために、布を回転させて中央から刺しはじめる。

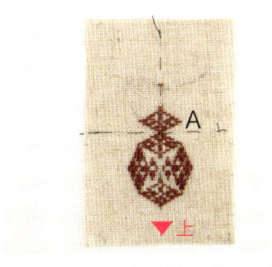

13 3～11と同様に進め、丸刺しをつなげていく。

63

14 最後の菱まで刺し、裏で糸始末をして完成。裏もできるだけ丁寧に糸始末をし、美しく仕上げる。

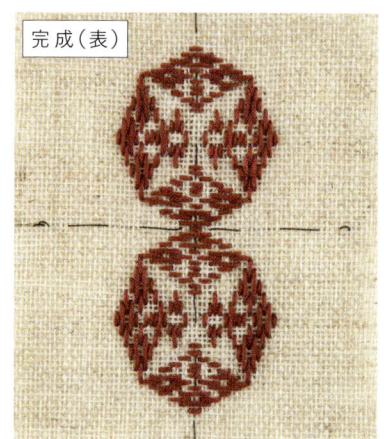

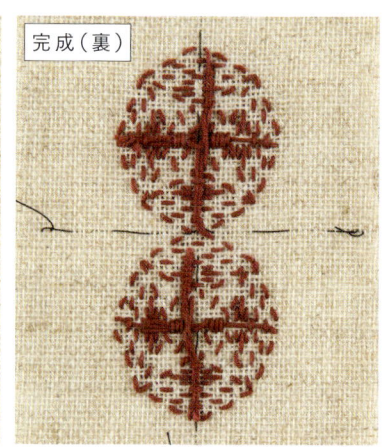

完成（表）　　完成（裏）

刺し方②

1つ目の菱を刺したあと、接している隣の菱を刺します。
p19のバッグのように、単色で刺すときにおすすめ。
接している菱を刺すため、目数間違いが少ない刺し方です。

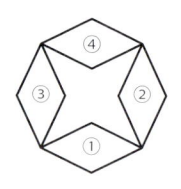

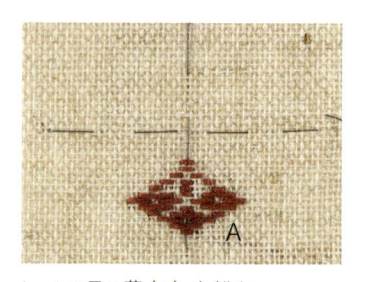

1　1つ目の菱（A）を刺す。

2　1つ目の菱（A）と隣の菱（B）の接点に糸を出す。

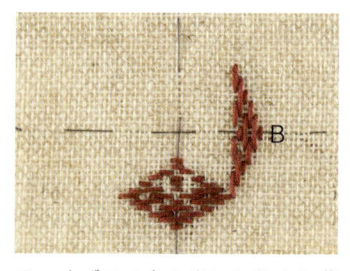

3　まず2で糸を出した段から菱（B）の上側を刺す。

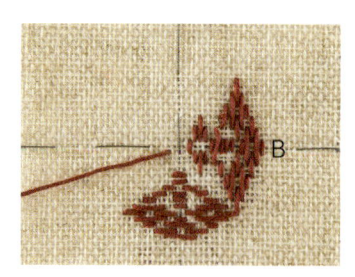

4　菱（B）の下の部分を刺し、次に向かいの菱（B'）を刺していく。

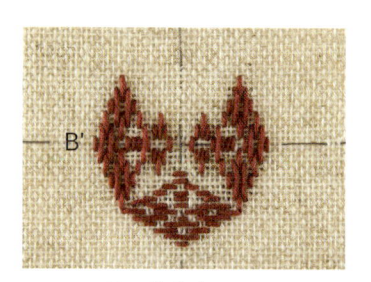

5　3つ目の菱（B'）は、下から上へ順に刺していく。

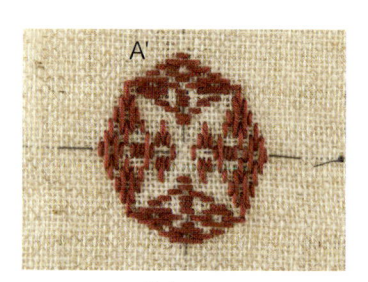

6　4つ目の菱（A'）も、下から上へ順に刺し、完成。

菱刺し図案帖と小物（p6-19）の作り方

＊本書では「つきや こぎん糸」と「つきや 麻布」を使用しています。
＊色番号は掲載作品に使用したものです。掲載の色番号に限らず、
　好みの色をお使いください。
＊図案1～44までの地刺しでは、
　その模様を作りやすい最小のパターンと繰り返しの例を示しており、
　端の切れ方は、必ずしも掲載写真と一致しません。

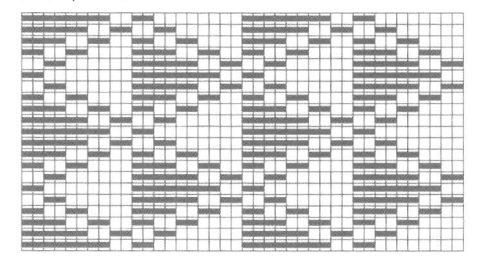

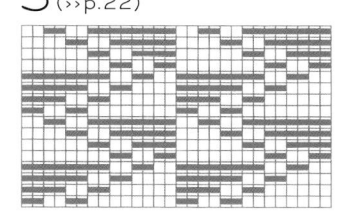

1 (>>p.22)

2 (>>p.22)

3 (>>p.22)

4 (>>p.22)

◇このページの見本はすべて麻帯地（55）にこぎん糸（白）で刺しています。

5 (>>p.23)

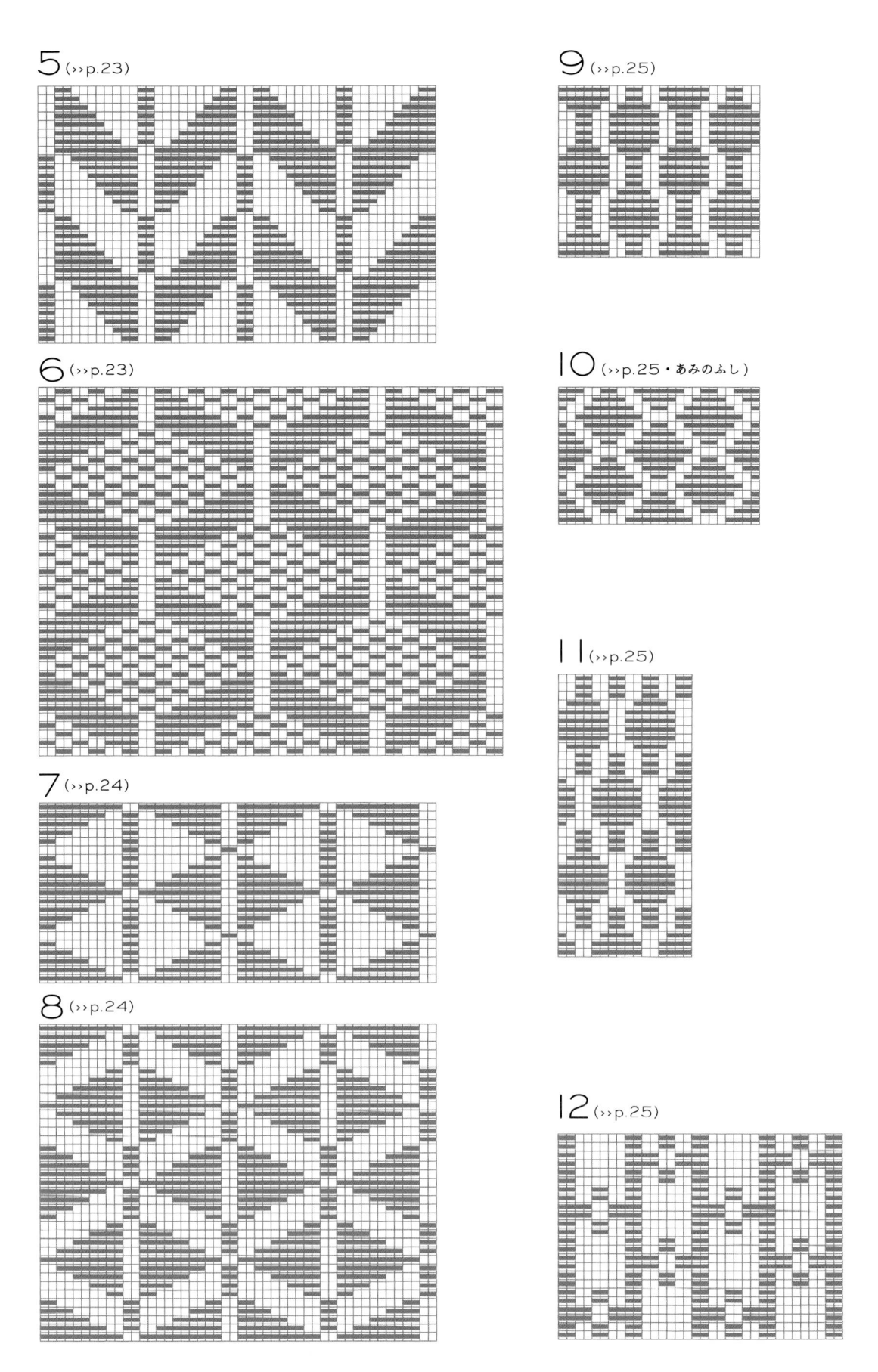

6 (>>p.23)

7 (>>p.24)

8 (>>p.24)

9 (>>p.25)

10 (>>p.25・あみのふし)

11 (>>p.25)

12 (>>p.25)

◇このページの見本はすべて麻帯地（55）にこぎん糸（白）で刺しています。

13 (>>p.26)

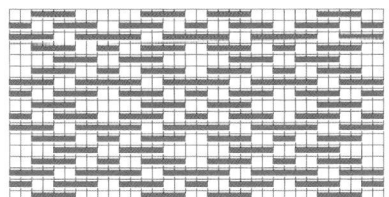

14 (>>p.26)

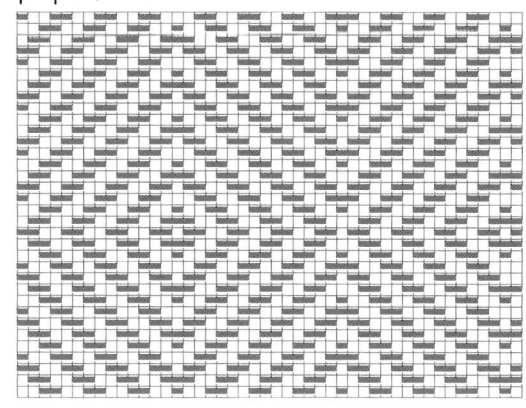

15 (>>p.26)

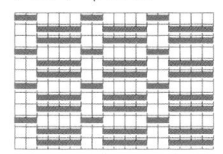

16 (>>p.26)

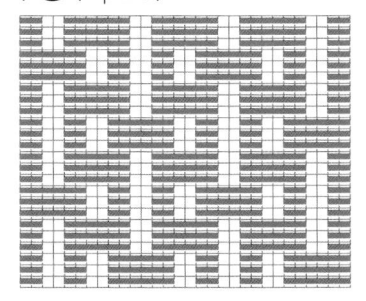

20 (>>p.27)

17 (>>p.27)

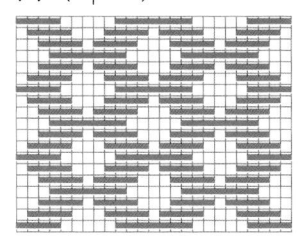

18 (>>p.27)

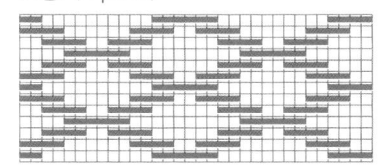

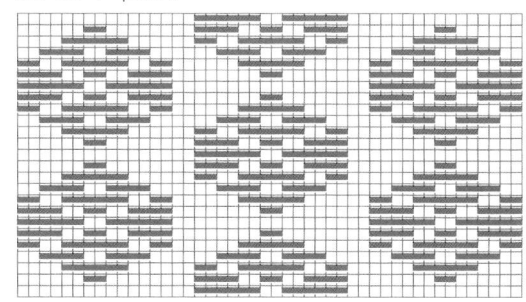

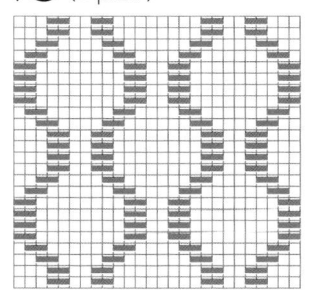

21 (>>p.28・すすきのたばね)

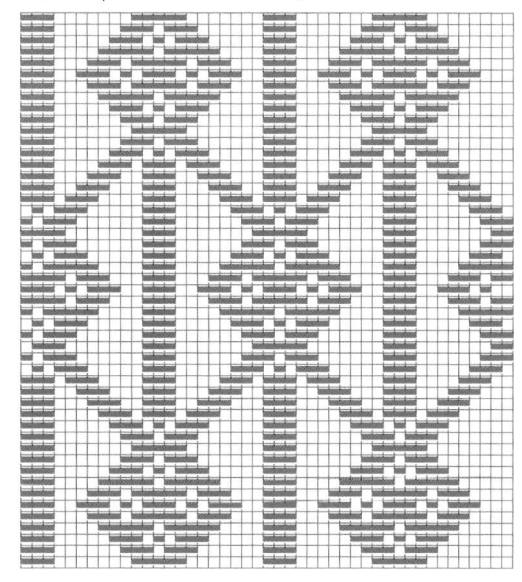

19 (>>p.27)

◇このページの見本はすべて麻帯地（55）にこぎん糸（白）で刺しています。

22 (>>p.28)

24 (>>p.29)

23 (>>p.29)

26 (>>p.30)

25 (>>p.30)

27 (>>p.31)

28 (>>p.31・いしだたみ)

29 (>>p.31・いしだたみ)

30 (>>p.31)

◇このページの見本はすべて麻帯地(55)にこぎん糸(白)で刺しています。

31 (>>p.32)

33 (>>p.32)

32 (>>p.32)

34 (>>p.32)

35 (>>p.33)

36 (>>p.33・たてあやすぎ)

37 (>>p.34)

38 (>>p.34)

◇このページの見本はすべて麻帯地（55）にこぎん糸（白）で刺しています。

39 (>>p.35・すぎあや)

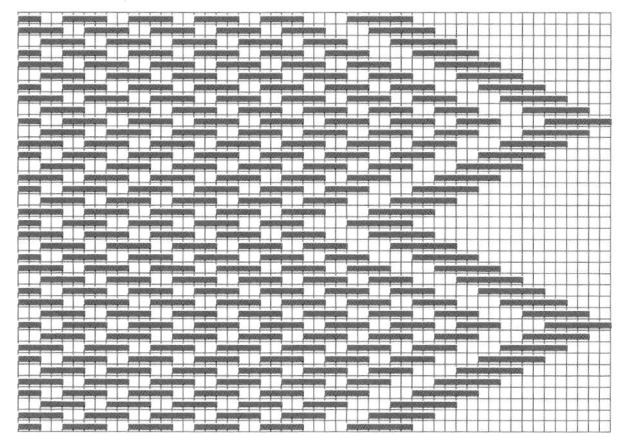

40 (>>p.35)

41 (>>p.36)

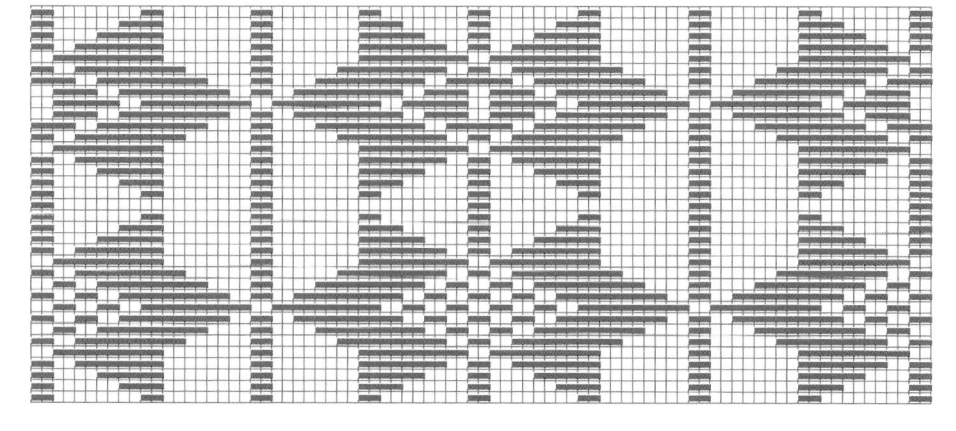

◇このページの見本はすべて麻帯地（55）にこぎん糸（白）で刺しています。

42 (>>p.36)

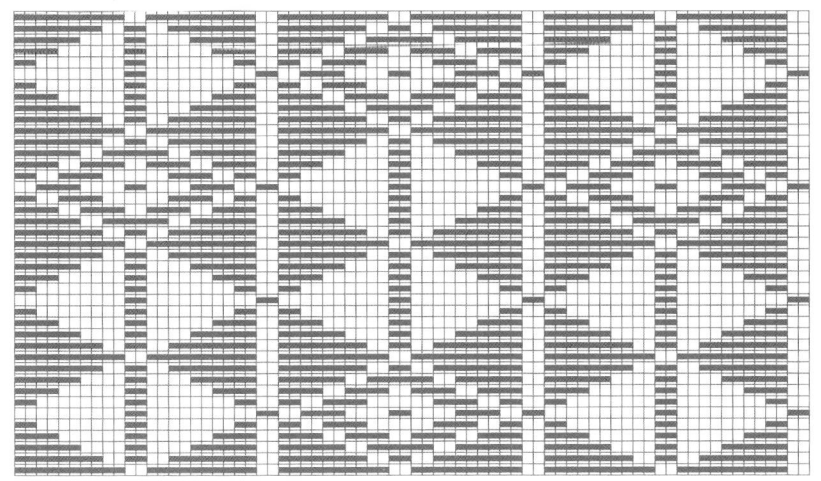

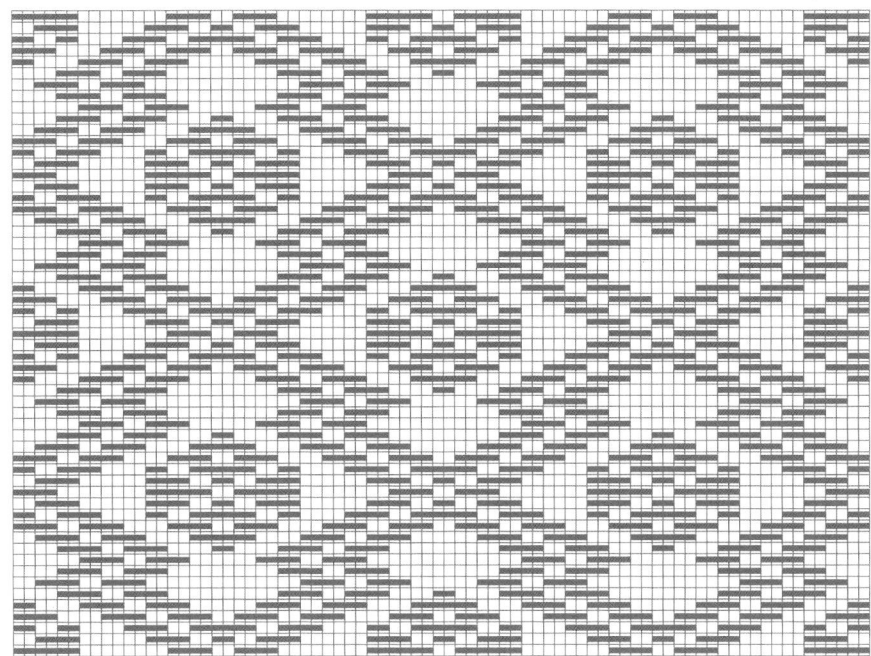

43 (>>p.37)

44 (>>p.37)

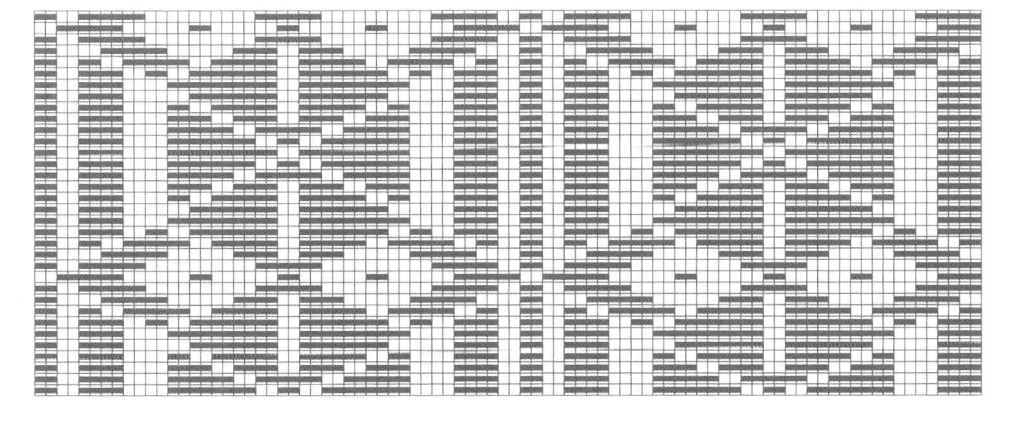

◇このページの見本はすべて麻帯地（55）にこぎん糸（白）で刺しています

45
(>>p.38・うめのはな 42 × 21)

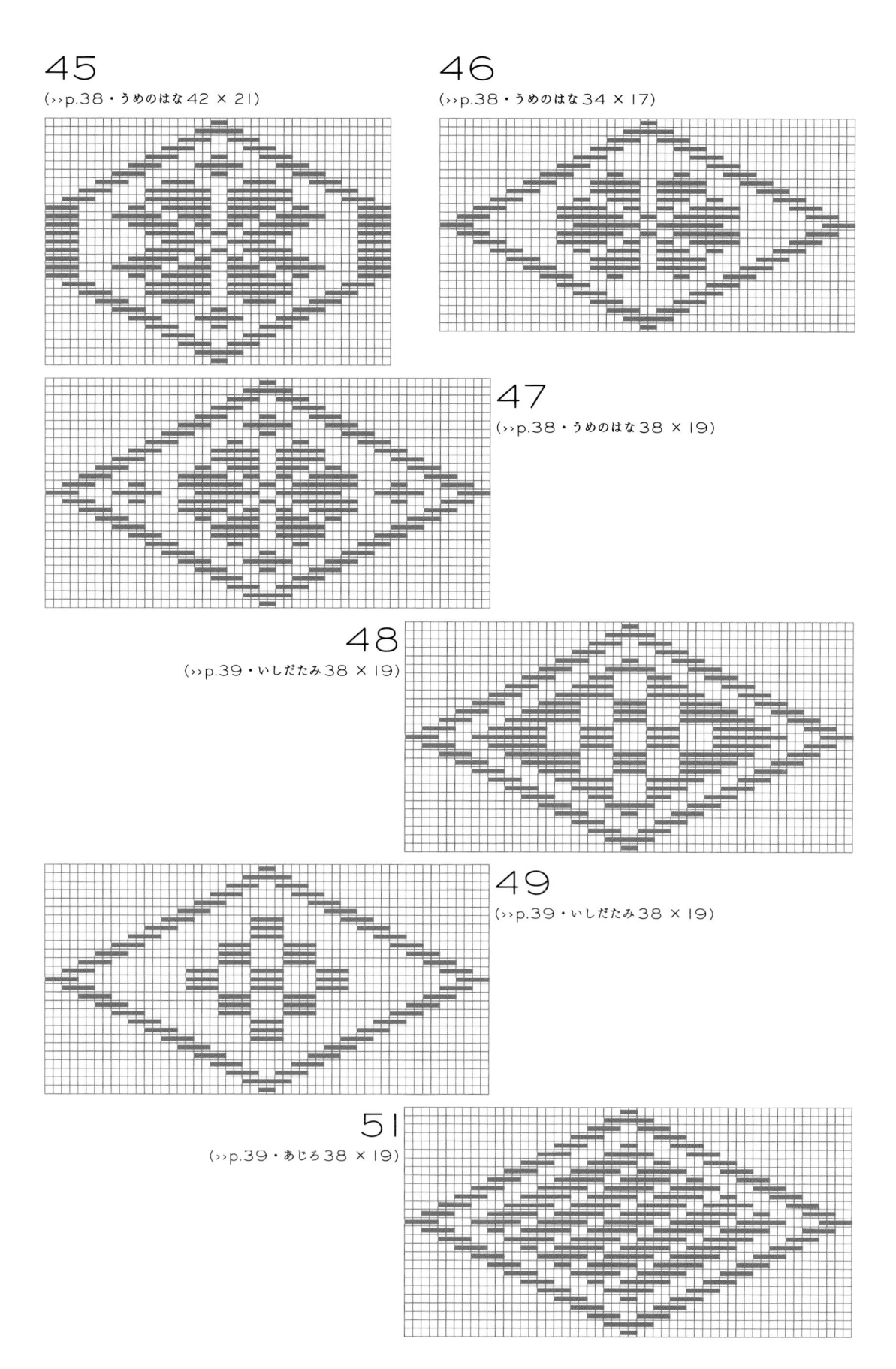

46
(>>p.38・うめのはな 34 × 17)

47
(>>p.38・うめのはな 38 × 19)

48
(>>p.39・いしだたみ 38 × 19)

49
(>>p.39・いしだたみ 38 × 19)

51
(>>p.39・あじろ 38 × 19)

◇このページの見本は麻布（1ナチュラル）にこぎん糸（705青、719濃紺）で刺しています。

50
(>>p.39・あじろ 46 × 23)

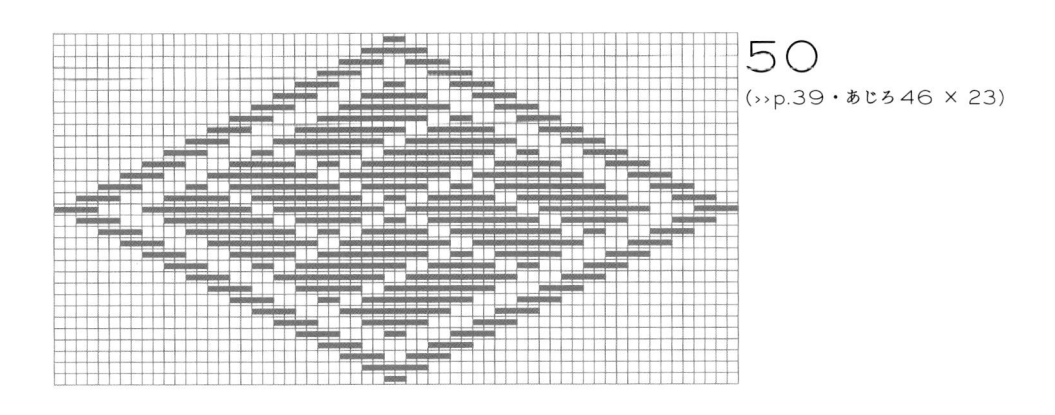

52
(>>p.40・みっつびし 50 × 25)

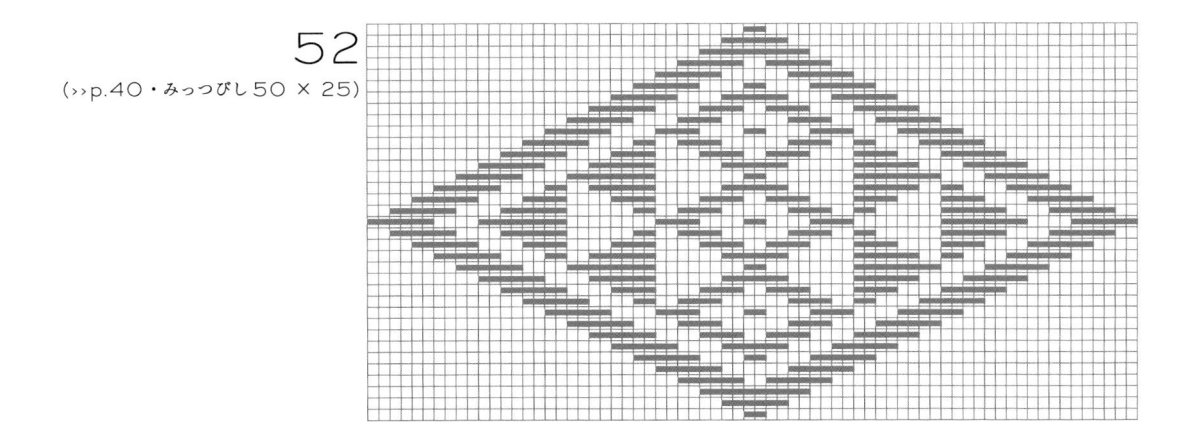

53
(>>p.40・よっつびし 42 × 21)

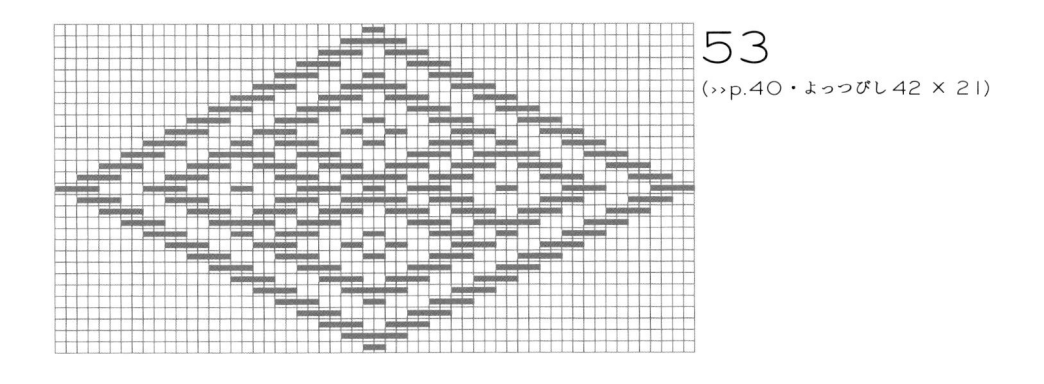

54
(>>p.40・いつつびし 46 × 23)

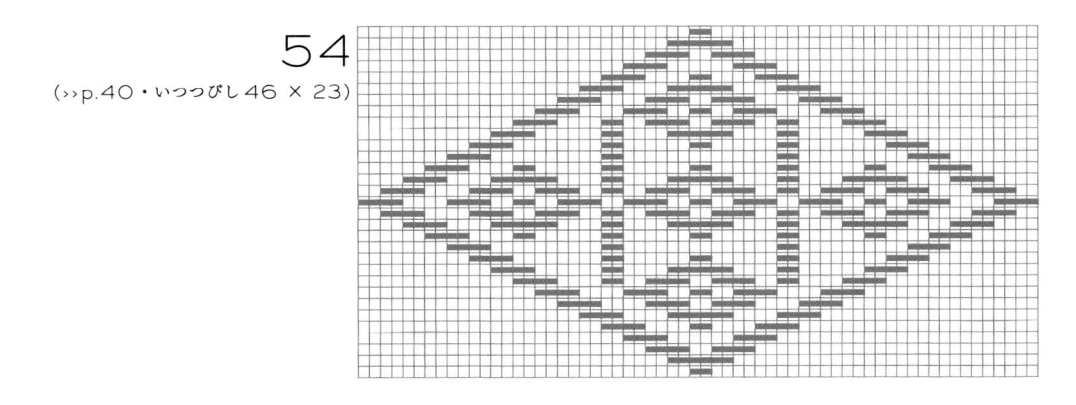

◇このページの見本は麻布（1ナチュラル）にこぎん糸（705青、719濃紺）で刺しています。

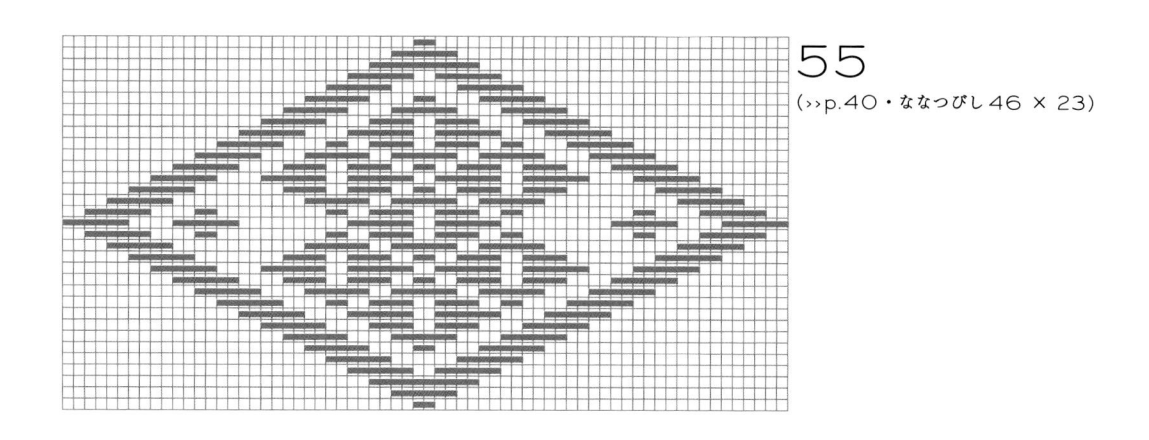

55
(>>p.40・ななつびし 46 × 23)

56
(>>p.40・ここのつびし 46 × 23)

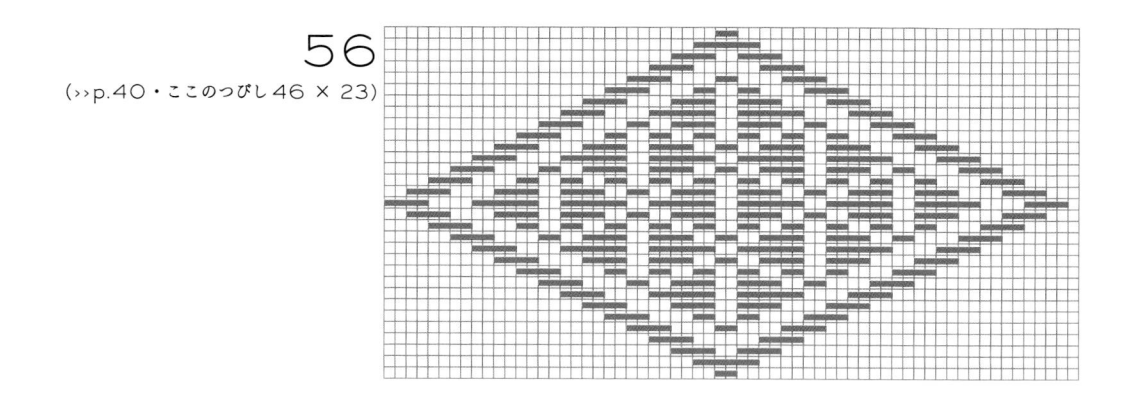

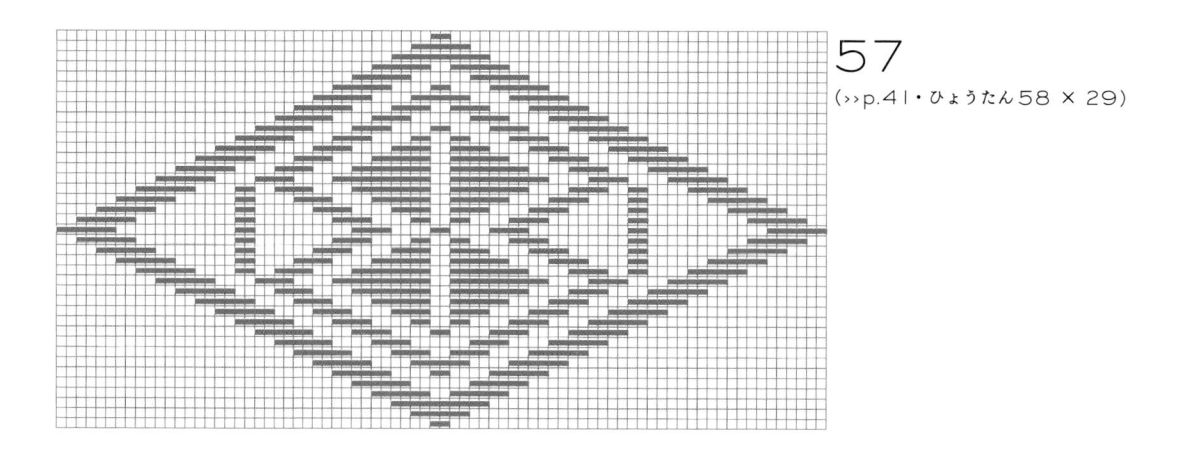

57
(>>p.41・ひょうたん 58 × 29)

58
(>>p.41・ひょうたん 42 × 21)

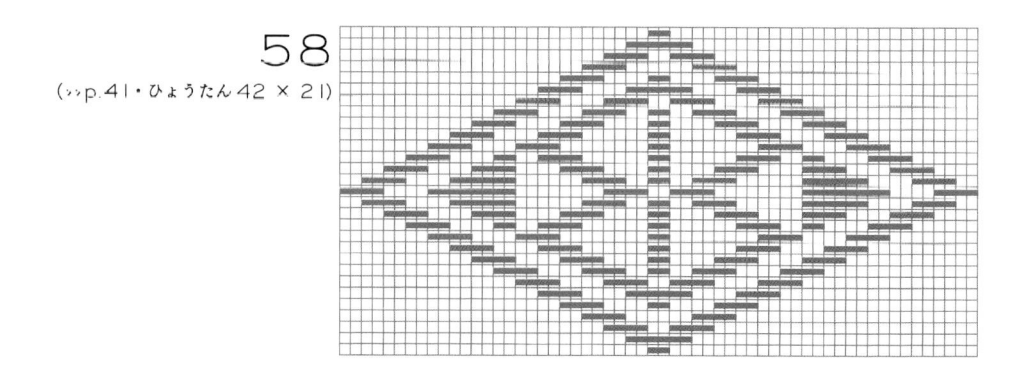

◇このページの見本は麻布（1ナチュラル）にこぎん糸（705 青、719 濃紺）で刺しています。

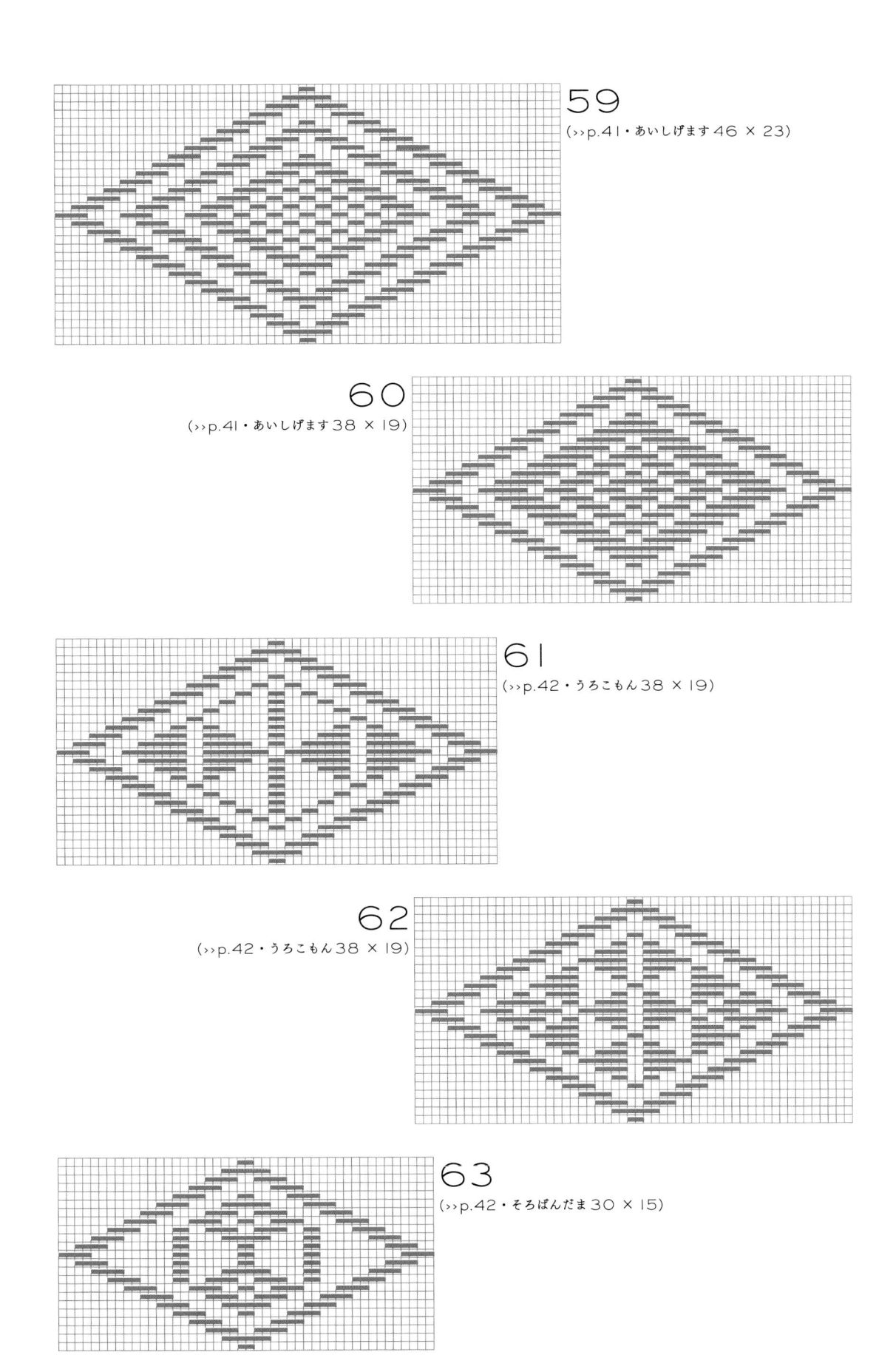

59
(>>p.41・あいしげます 46 × 23)

60
(>>p.41・あいしげます 38 × 19)

61
(>>p.42・うろこもん 38 × 19)

62
(>>p.42・うろこもん 38 × 19)

63
(>>p.42・そろばんだま 30 × 15)

◇このページの見本は麻布（1 ナチュラル）にこぎん糸（705 青、719 濃紺）で刺しています。

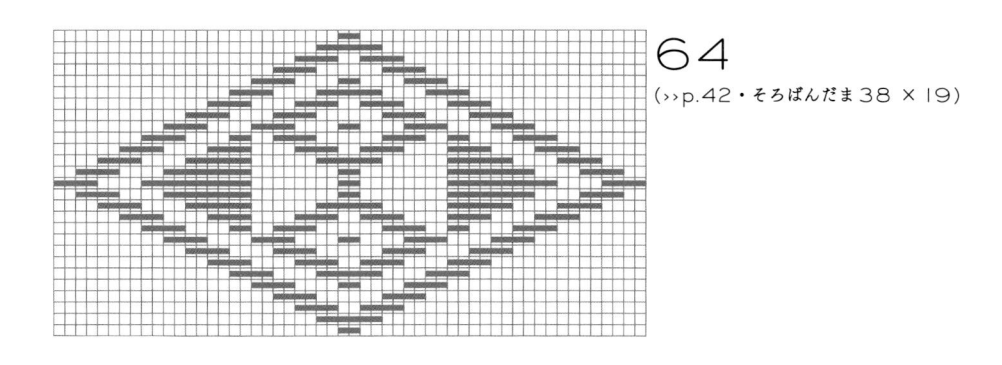

64
(>>p.42・そろばんだま 38 × 19)

65
(>>p.43・なしのもんこ 42 × 21)

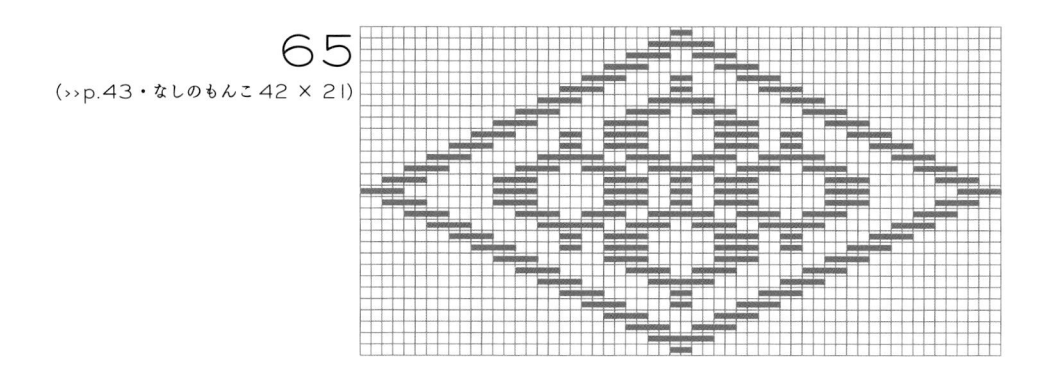

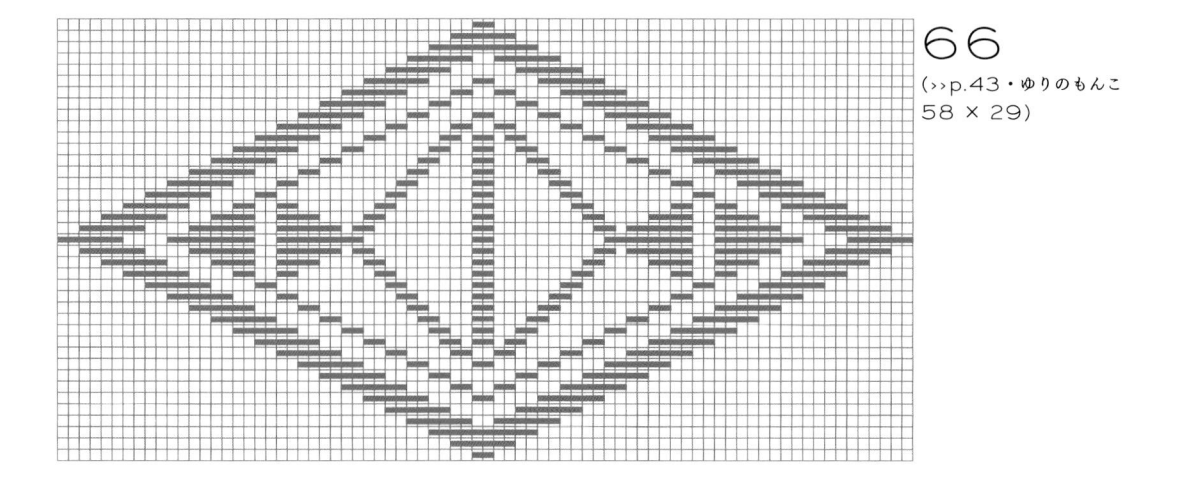

66
(>>p.43・ゆりのもんこ 58 × 29)

67
(>>p.43・こんぶ 50 × 25)

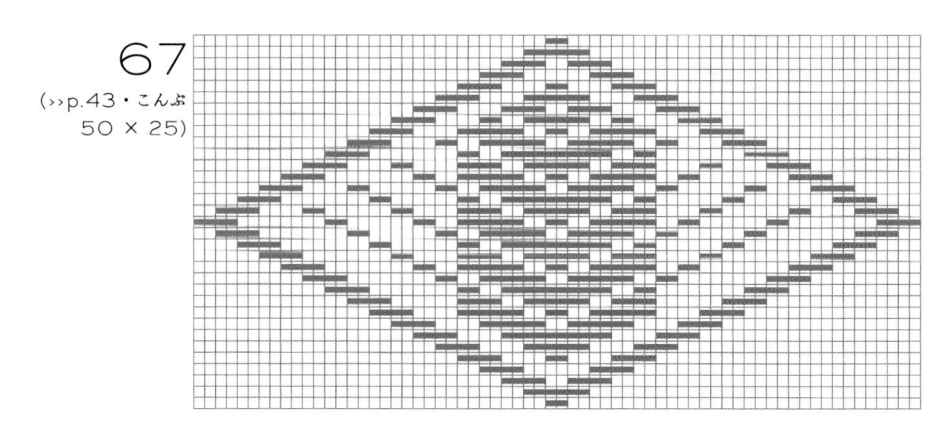

◇このページの見本は麻布（1ナチュラル）にこぎん糸（705青、719濃紺）で刺しています。

68
(>>p.43・こま 42 × 21)

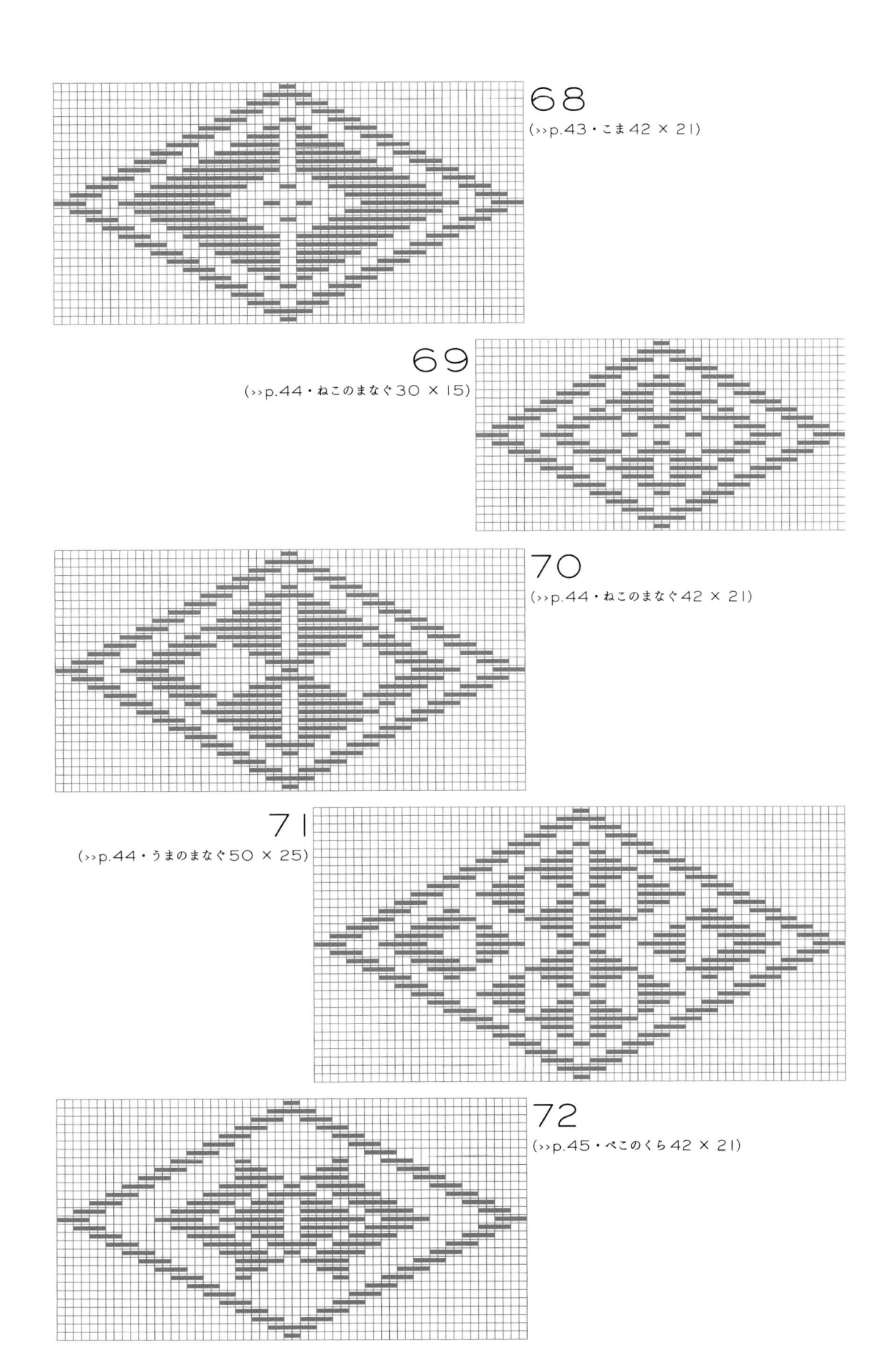

69
(>>p.44・ねこのまなぐ 30 × 15)

70
(>>p.44・ねこのまなぐ 42 × 21)

71
(>>p.44・うまのまなぐ 50 × 25)

72
(>>p.45・べこのくら 42 × 21)

◇このページの見本は麻布（1 ナチュラル）にこぎん糸（705 青、719 濃紺）で刺しています。

73 (>>p.45・べこのくら 50 × 25)

74 (>>p.45・きじのあし 46 × 23)

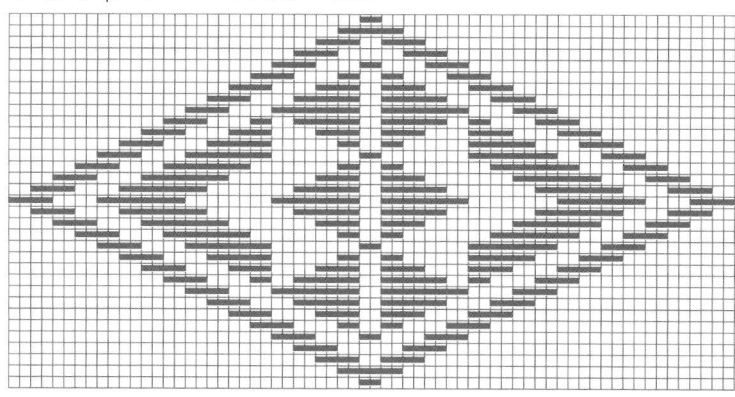

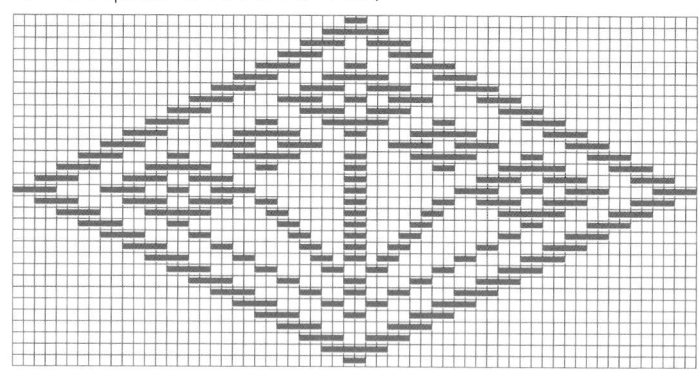

75 (>>p.45・きじのあし 46 × 23)

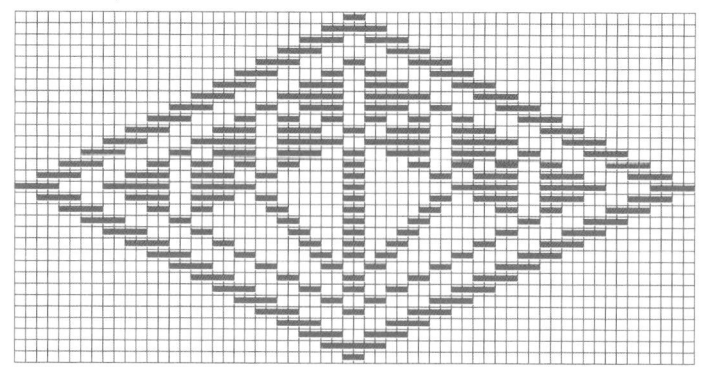

76 (>>p.45・やばね 38 × 19)

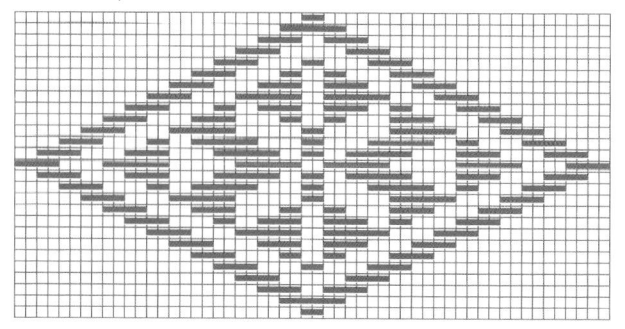

78 ◇このページの見本は麻布（1ナチュラル）にこぎん糸（705青、719濃紺）で刺しています。

77 (››p.46・10 × 5) 78 (››p.46・10 × 5) 79 (››p.46・10 × 5)

80 (››p.46・14 × 7) 81 (››p.46・14 × 7) 82 (››p.46・14 × 7)

83 (››p.46・18 × 9) 84 (››p.46・18 × 9)

85 (››p.46・18 × 9) 86 (››p.47・22 × 11)

87 (››p.47・22 × 11) 88 (››p.47・22 × 11)

89 (››p.47・22 × 11) 90 (››p.47・22 × 11)

◇このページの見本は麻布（1ナチュラル）にこぎん糸（712緑、720モスグリーン）で刺しています。　79

91 (>>p.47・22×11)

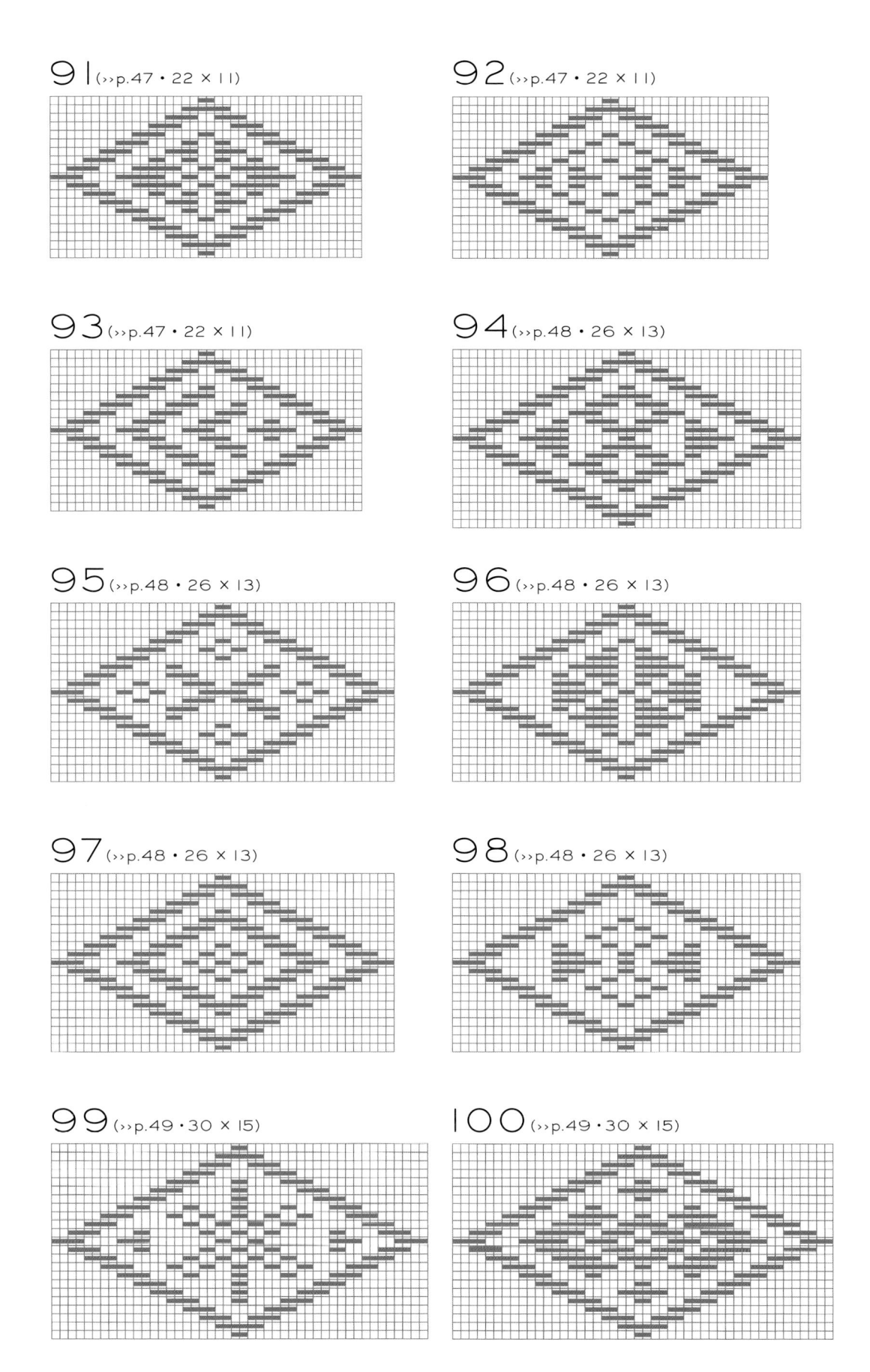

92 (>>p.47・22×11)

93 (>>p.47・22×11)

94 (>>p.48・26×13)

95 (>>p.48・26×13)

96 (>>p.48・26×13)

97 (>>p.48・26×13)

98 (>>p.48・26×13)

99 (>>p.49・30×15)

100 (>>p.49・30×15)

◇このページの見本は麻布（1ナチュラル）にこぎん糸（712緑、716茶、718こげ茶）で刺しています。

101 (>>p.49・30 × 15)

102 (>>p.49・30 × 15)

103 (>>p.49・30 × 15)

104 (>>p.50・34 × 17)

105 (>>p.50・34 × 17)

106 (>>p.50・34 × 17)

107 (>>p.50・34 × 17)

◇このページの見本は麻布（1ナチュラル）にこぎん糸（713紫、718こげ茶、719濃紺）で刺しています。

108 (>>p.50・34 × 17)

109 (>>p.51・38 × 19)

110 (>>p.51・38 × 19)

111 (>>p.51・38 × 19)

112 (>>p.51・38 × 19)

82　◇このページの見本は麻布（1 ナチュラル）にこぎん糸（713 紫、719 濃紺）で刺しています。

113 (>>p.51・38×19)

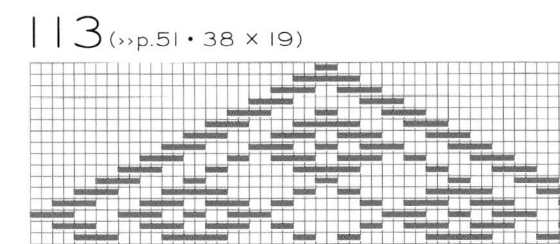

115 (>>p.52・丸刺し)

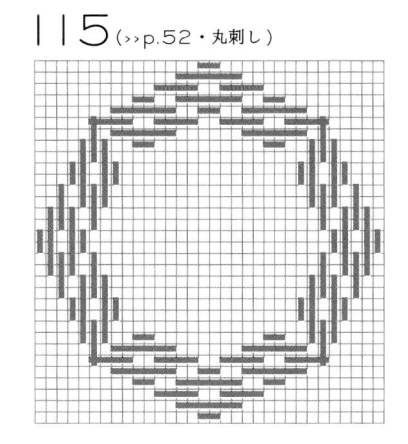

114 (>>p.52・丸刺し)

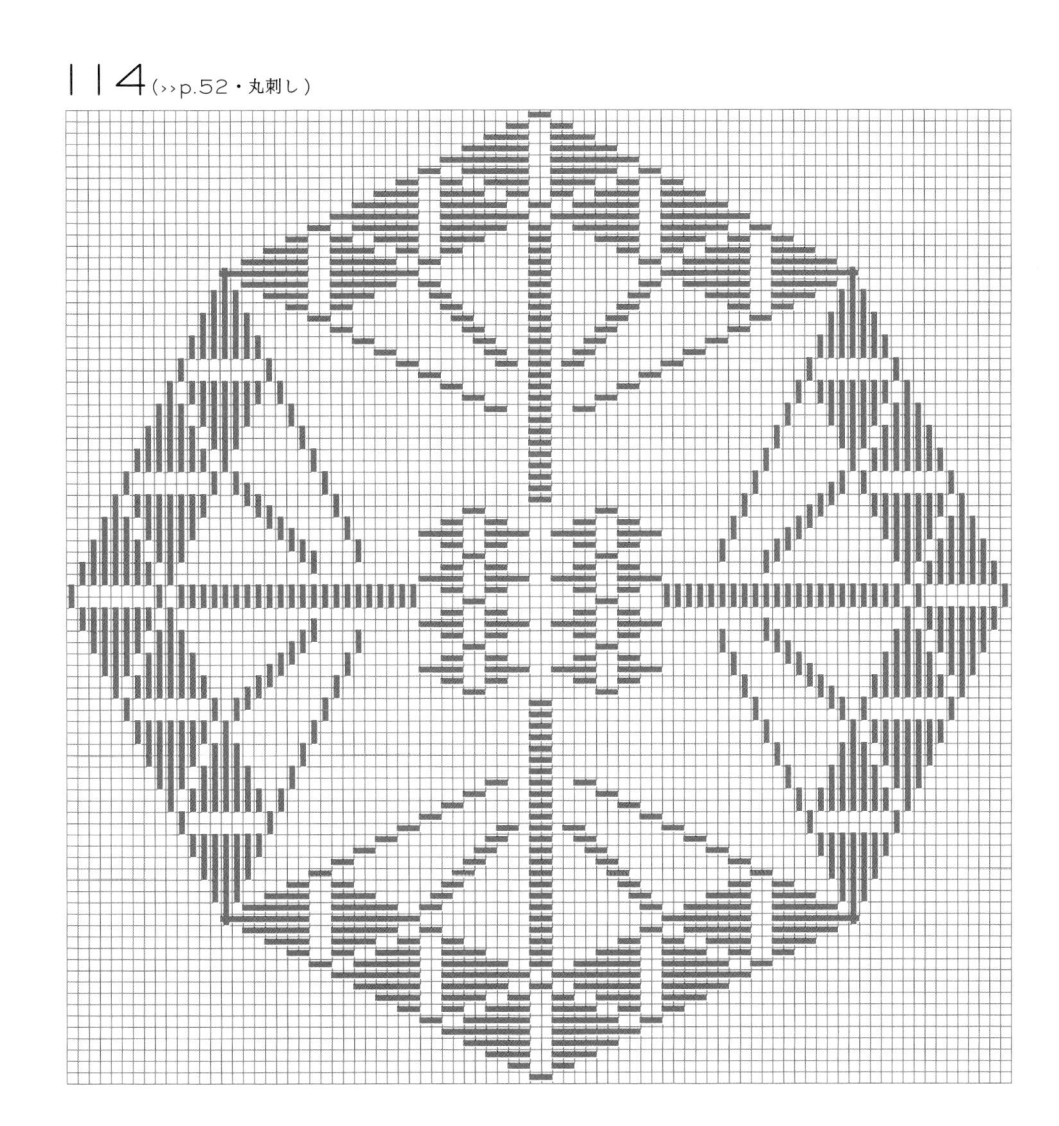

◇このページの見本は麻布（1ナチュラル）にこぎん糸（713紫、白）で刺しています。　83

116 (>>p.53・さんがいびし) ＊右に90°回転させた向きでご使用ください

小物（p6-19）を作りはじめる前に

・この本で使用した「つきや 麻布」は縦と横のゲージが違うため、布を裁つときに、布目を確認してください。
・布目を整えてから布の中心にしつけをし、型紙の中心をあわせて置いて印をつけ、裁断します。
・模様面積が広いときは刺し上がりが原寸より縮みやすいため、縫い代を多めに（1.5cm ほど）とり、途中で大きさを
　確認しながら刺し進めます。刺し上がったら型紙を上に置いてでき上がり寸法を確認し、縫い代を1cm にカットします。
・模様が全面埋まるように仕立てる場合には（p.6 コースターなど）、原寸より少し広い面積に模様を刺しておきます。
・裏地をつけるときは、全体的に表地よりやや小さく裁断して、縫います。
・麻布以外でも、布目が拾える布、コングレスやリネンなどでも刺してみましょう。
　また、刺し糸も刺繍糸や毛糸などを使うと出来上がりの印象がかわります。

ひとつの模様を反転させてデザインしたコースター >> p.6
ふたつの模様を組み合わせたコースター >> p.8-9

size／縦11cm　横11.5cm

材料（1点分）

表布（麻布）……幅14.5cm ×長さ14cm
　2柄を組み合わせるコースター E のみ 11（アイボリー）を使用。
　それ以外はすべて 1（ナチュラル）を使用。
裏布（木綿布）……幅13.5cm ×長さ13cm
こぎん糸……各1束

ひとつの模様のコースター	ふたつの模様のコースター
A 705（青）	A 701（えんじ）、生成り
B 701（えんじ）	B 718（こげ茶）、720（モスグリーン）
C 黒	C 717（オールドローズ）、黒
D 719（濃紺）	D 705（青）、712（緑）
E 720（モスグリーン）	E 709（ベビーピンク）、718（こげ茶）
F 718（こげ茶）	F 719（濃紺）、705（青）
	G 705（青）、716（赤茶）
	H 713（紫）、719（濃紺）

作り方

1. 表布の縫い代に縁かがりミシンをかけ、菱刺しを刺す。

　＊図案は
　ひとつの模様のコースター

A 19(p.67)	D 22(p.68)
B 10(p.66)	E 17(p.67)
C 6(p.66)	F 18(p.67)

　ふたつの模様のコースター

A 3(p.65)・12(p.66)	E 17(p.67)・p.86 の E
B 21(p.67)・13(p.67)	F 36(p.69)・33(p.69)
C 2(p.65)・14(p.67)	G 38(p.69)・右記 G
D 31(p.69)・p.86 の D	H 34(p.69)・24(p.68)

2. 表布の菱刺しを刺した部分は縮むため、でき上がり位置
　の印をつけ直し、縫い代を1cm にカットする。
3. 表布と裏布を中表に合わせ、返し口を残して周囲を縫い、
　角の縫い代をカットする。
4. 表に返し、返し口をまつる。

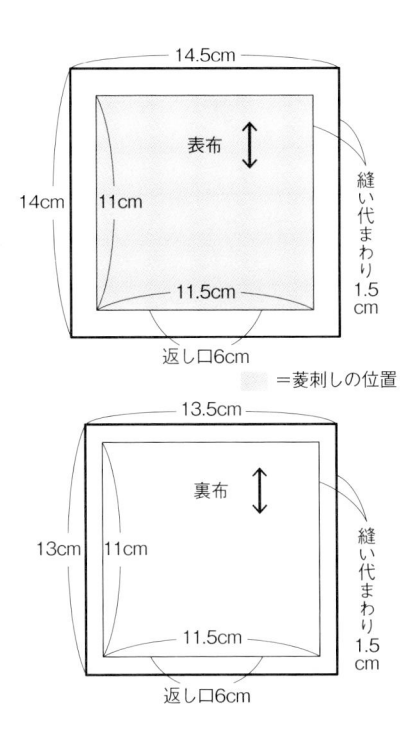

ふたつの模様 G

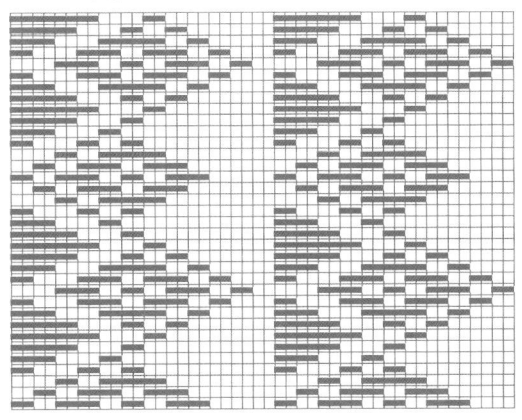

ふたつの模様 E　　　　　　　　　　　ふたつの模様 D

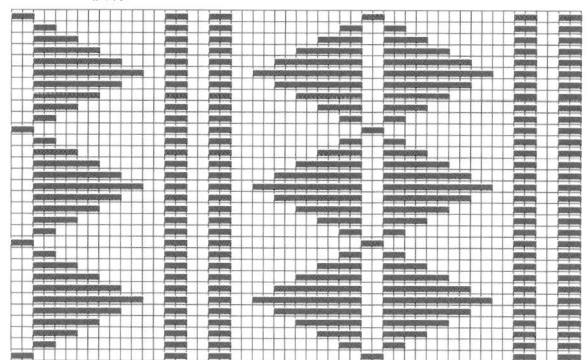

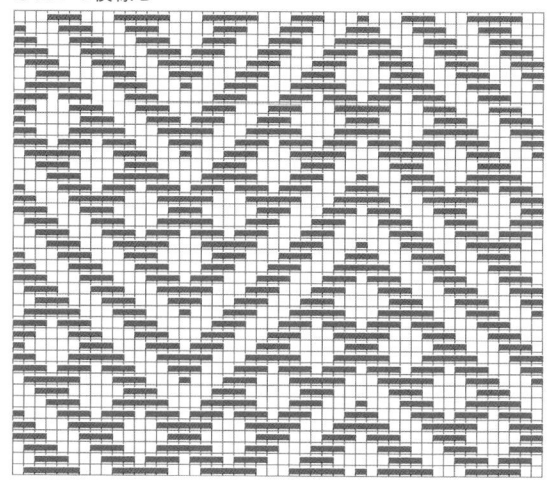

丸いブローチ >> p.10-11

size ／大：直径 7cm、小：直径 4cm

材料（1点分）

表布（麻布）……大：直径 12cm、小：直径 9cm
　大 BC、小 d は 11（アイボリー）
　それ以外は 1（ナチュラル）
裏布（フェルト）……幅 10cm × 長さ 10cm
こぎん糸……各 1 束

大			小		
	A	705（青）		a	713（紫）、719（濃紺）
	B	701（えんじ）		b	719（濃紺）
	C	701（えんじ）、黒		c	705（青）、黒
	D	719（濃紺）		d	705（青）
	E	生成り		e	719（濃紺）、721（ローズ）
				f	701（えんじ）、717（オールドローズ）
				g	705（青）、718（こげ茶）

厚手接着芯……幅 10cm × 長さ 10cm
プラスチック製ボタン芯……1 個（大：直径 7cm、小：直径 4cm）
＊ここでは Country Quilt Market の「包みボタン」を使用
ブローチピン……1 本（大：長さ 4.5cm、小：長さ 2.5cm）
わた……適量

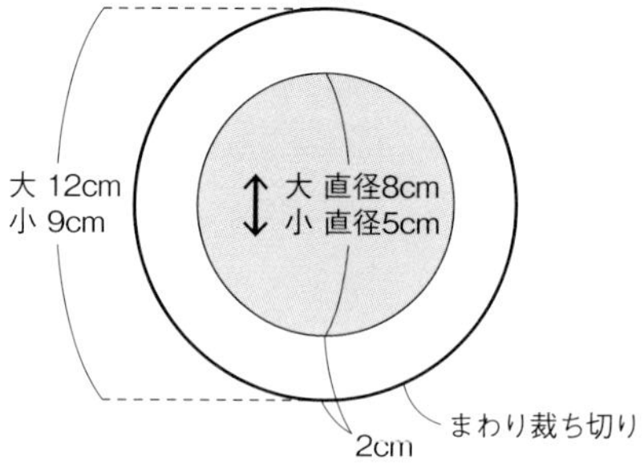

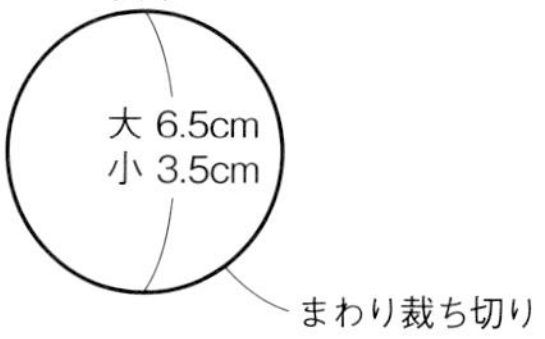

作り方

1. 表布の縫い代に縁かがりミシンをかけ、菱刺しを刺す。
　刺す位置のまわり 1cm くらい外側まで埋めるとよい。

　＊図案は

大			小					
	A	6（p.66）の反転		a	17（p.67）の反転		f	42（p.71）
	B	23（p.68）		b	27（p.68）		g	14（p.67）
	C	36（p.69）・32（p.69）		c	4（p.65）・39（p.70）			
	D	29（p.68）・41（p.70）		d	37（p.69）の反転			
	E	25（p.68）		e	10（p.66）・28（p.68）			

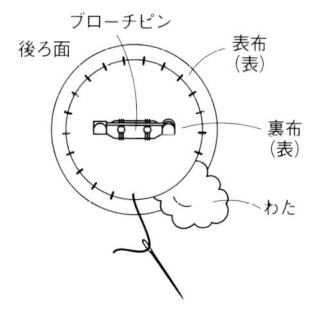

2. 表布にぐし縫いをする。
3. 表布にボタン芯を重ねて 2 の糸を引き絞る。
4. 裏布に接着芯を貼り、指定の大きさに裁つ。
5. ブローチピンを裏布の中央よりやや上に縫いつける。
6. 3 に裏布を重ね、わたを詰めてまつる。

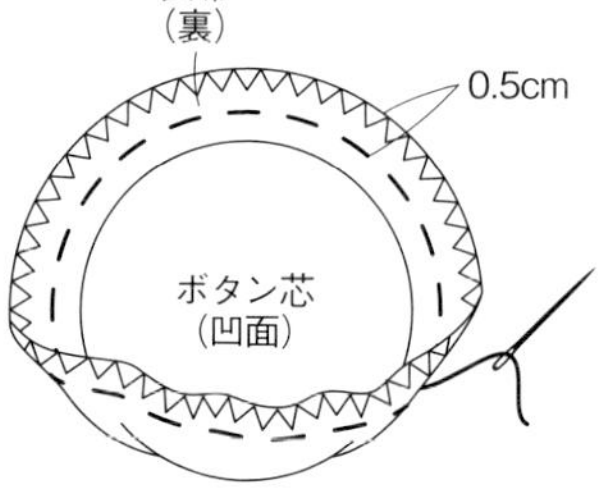

ティーコゼー >> p.12

size／縦23cm　横30cm

材料

表布・つまみ（麻布・11 アイボリー）……幅64cm×長さ25cm

裏布（木綿布）……幅64cm×長さ25cm

こぎん糸……各1束
　　701（えんじ）、714（レンガ）、
　　717（オールドローズ）、721（ローズ）

厚手接着キルト芯……幅58cm×長さ22cm

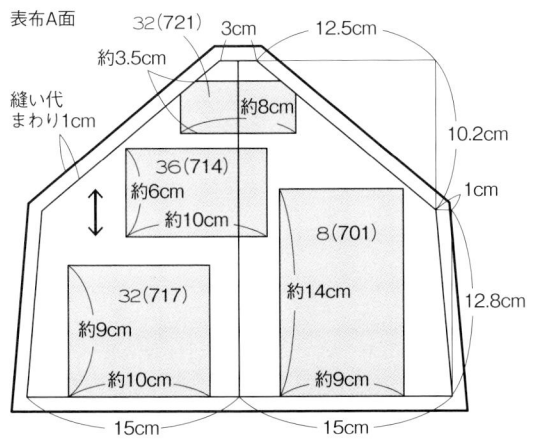

作り方

1. 表布の縫い代に縁かがりミシンをかけ、菱刺しを刺し、接着キルト芯を貼る。
   ＊図案は　8 (p.66)・32 (p.69)・36 (p.69)
2. 表布と裏布を中表に合わせて入れ口を縫う（A面には返し口を残しておく）。
3. つまみの縫い代に縁かがりミシンをかけ、菱刺しを刺す。中表に二つ折りにし、返し口を残して縫い、表に返す。
   ＊図案は　28 (p.68)
4. 表布の縫い代につまみを仮どめする。
5. 表布・裏布どうしそれぞれ中表に合わせて縫う。
6. 表に返して返し口をとじ、表袋と裏袋がずれないようにつまみの根元と袋布の肩部分を縫いとめる。
7. 表袋側に返し、形を整える。

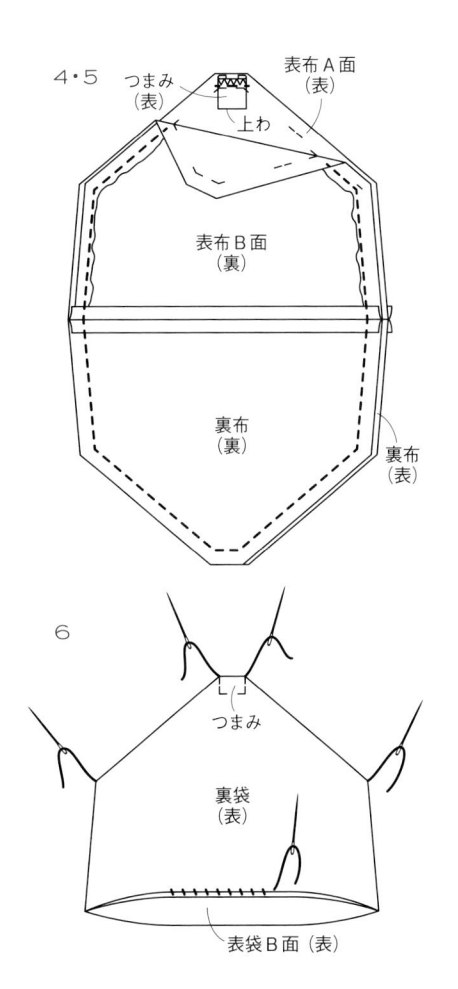

※裏布は表布よりまわり0.3cm控えて2枚裁つ　　=菱刺しの位置

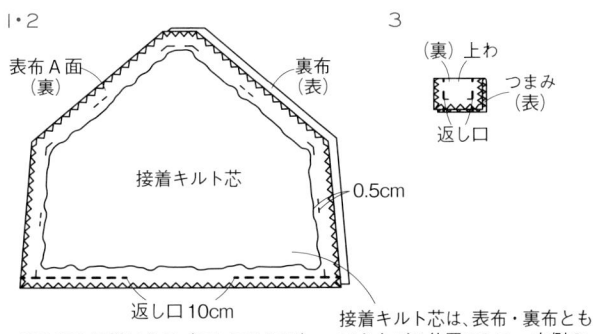

※B面も同様に作る（返し口不要）

接着キルト芯は、表布・裏布ともでき上がり位置の0.5cm内側の全面に貼る

87

なべつかみ A >> p.13

size ／縦18cm　横16cm

材料

表布・裏布（麻布・1 ナチュラル）……幅36cm×長さ20cm
厚手接着キルト芯……幅32cm×長さ18cm
こぎん糸……1束　黒
テープ（麻）……幅0.8cm×長さ8cm

作り方

1. 表布の縫い代に縁かがりミシンをかけ、菱刺しを刺す。
   *図案は　41(p.70)・29(p.68)
2. 表布と裏布に接着キルト芯を貼る。
3. テープを二つ折りにし、縫い代に仮どめする。
4. 表布と裏布を中表に合わせ、返し口を残して縫う。
5. 表に返し、返し口をとじる。

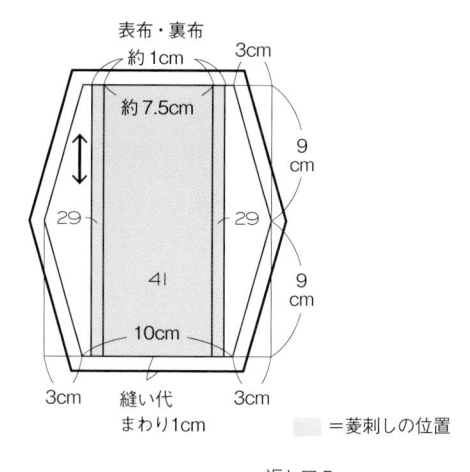

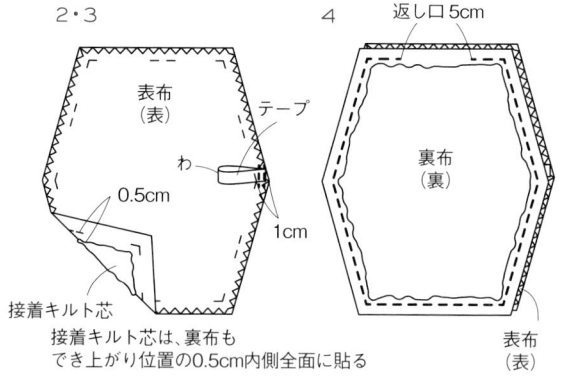

なべつかみ B >> p.13

size ／縦18cm　横16cm

材料

表布・裏布・ポケット（麻布・1 ナチュラル）
……幅55cm×長さ21cm
厚手接着キルト芯……幅48cm×長さ18cm
こぎん糸……各1束　713（紫）・719（濃紺）
テープ（麻）……幅0.8cm×長さ8cm

作り方

1. 表布とポケットの縫い代に縁かがりミシンをかけ、
   菱刺しを刺す。
   *図案は　17(p.67)・35(p.69)
2. ポケットの菱刺しを刺した部分は縮むため、でき上がり位置の印をつけ直し、縫い代を1cmにカットする。
3. 表布、裏布、ポケットに接着キルト芯を貼る。
4. ポケットを外表に二つ折りにして表布に重ね、縫い代を仮どめする。
5. なべつかみAの3〜5と同様に作る。

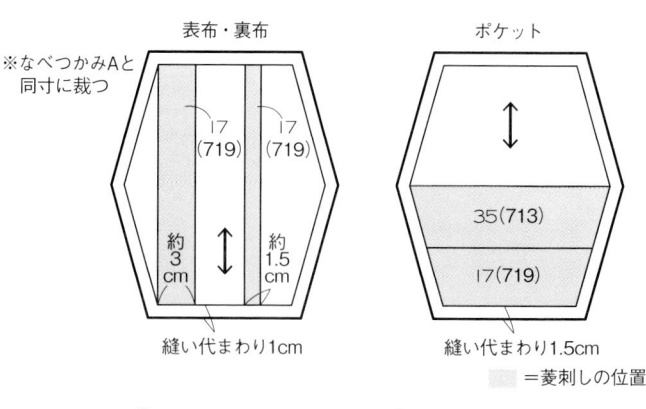

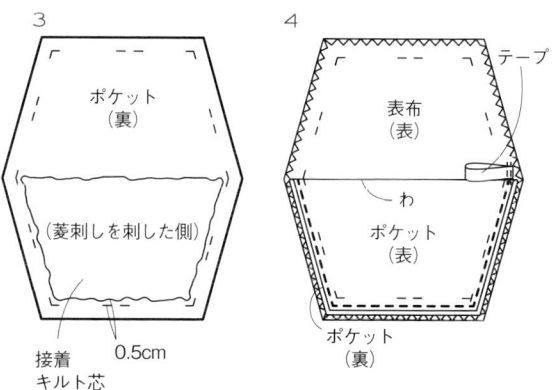

リボンテープ >> p.14

size／幅2.5cm　長さ26cm

材料（1点分）

綿テープ（平織りのクロスステッチ用のもの）
……幅2.5cm×長さ26cm
*ここでは越前屋のステッチテープを使用
こぎん糸……各1束
| A、C、F　721（ローズ）
| B、D、E　711（ピンク）

作り方

1. テープの中心に印をつけ、中心から菱刺しを刺す。

*図案は｜ A　28 (p.68)　　D　18 (p.67)
　　　　　　B　30 (p.68)　　E　10 (p.66)
　　　　　　C　13 (p.67)　　F　17 (p.67)

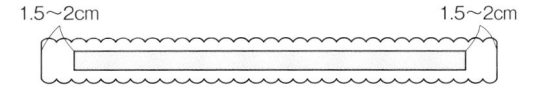

1.5～2cm　　　　　　　　　　　　　　　　1.5～2cm

皿敷き >> p.15

size／縦15cm　横15cm

材料（1点分）

表布（麻布・1ナチュラル）……幅17cm×長さ17cm
裏布（木綿布）……幅17cm×長さ17cm
こぎん糸……1束　生成り（*2束で5点作れます）

作り方

1. 表布の縫い代に縁かがりミシンをかけ、菱刺しを刺す。

*図案は｜ A　19 (p.67)
　　　　　　B　5 (p.66)
　　　　　　C　26 (p.68)
　　　　　　D　23 (p.68)

2. p.85のコースターの作り方の3・4と同様に作る。

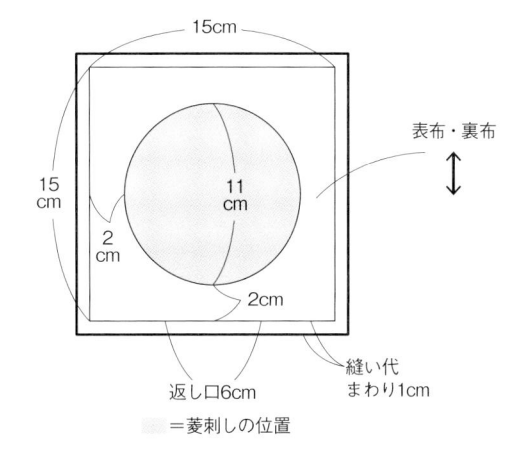

15cm／15cm／11cm／2cm／2cm　表布・裏布　返し口6cm　縫い代まわり1cm
■＝菱刺しの位置

しおり >> p.18

size／幅4cm　長さ20cm

材料（1点分）

麻テープ……幅4cm×長さ20cm
*ここでは越前屋の
　ドイツリネンテープを使用
こぎん糸……各1束
| A　生成り
| B　705（青）
かがり糸（麻テープをほどいたもの）
……適量

作り方

1. テープの中心に印をつけ、中心から菱刺しを刺す。

*図案は｜ A　右記参照
　　　　　　B　77 (p.79)
　　　　　　　　78 (p.79)
　　　　　　　　79 (p.79)

2. フリンジを作る。上から1cm、下から5cmのところの横糸を抜き、内側の端の横糸を2本ずつかがる。

3. 2でかがったところから外側の糸をすべて抜き、テープのたて糸だけを残してフリンジにする。

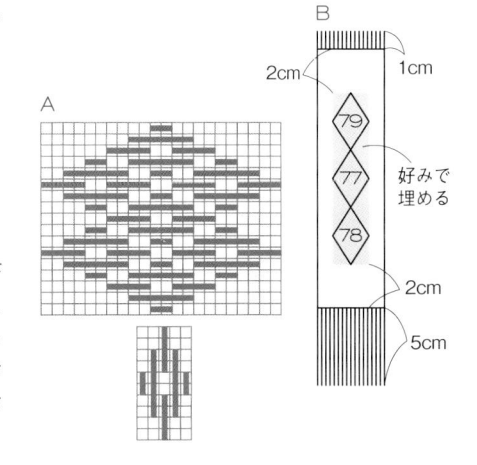

A

B　2cm／1cm／79／77／78／好みで埋める／2cm／5cm

ピンクッションA , C >> p.16

size ／ A：縦 11cm　横 8cm　C：縦 8cm　横 8cm

材料（1点分）

表布（麻布・11 アイボリー）……A 幅 27cm ×長さ 17cm　C 幅 25cm ×長さ 11cm
こぎん糸 ……各1束
| A　701（えんじ）　　C　黒
| 　714（レンガ）
| 　718（こげ茶）
| 　721（ローズ）
厚手接着芯……幅 10cm ×長さ 10cm
合太毛糸……少々
わた……適量

作り方

1. 表布の縫い代に縁かがりミシンをかけ、側面に菱刺しを刺す。
   刺す位置のまわり1cmくらい外側まで埋めるとよい。

   ※図案は　A　1(p.65)・4(p.65)・17(p.67)・28(p.68)・36(p.69)
   　　　　　C　4(p.65)・13(p.67)・36(p.69)

2. 表布の菱刺しを刺した部分は縮むため、でき上がり位置の印をつけ
   直し、縫い代を1cmにカットする。
3. 底に接着芯を貼る。
4. 表布を中表に折り、返し口を残して側面の脇を縫い、角の余分な縫い代をカットする。
5. 側面と底の合い印を中表に合わせて縫う。
6. 表に返してわたを詰め、返し口をとじる。
7. ポンポンを3個作り（直径3.5cm・50回巻く。作り方はp.91）、
   底の角に縫いつける。

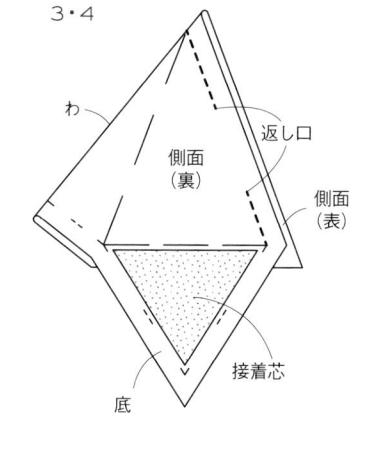

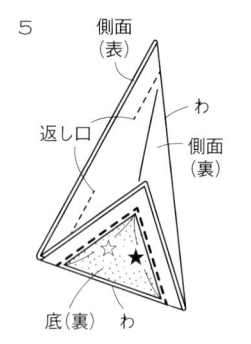

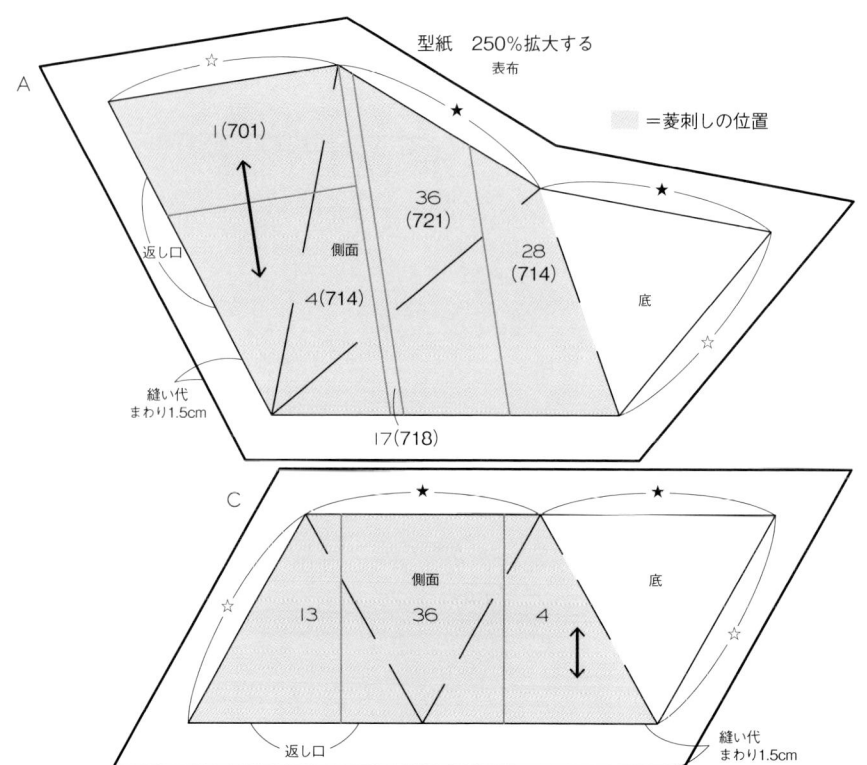

ピンクッションB >> p.16

size ／縦8.5cm　横9cm

材料

表布（麻布・1ナチュラル）……幅21cm×長さ12cm
こぎん糸……各1束　705（青）・黒
厚紙……1辺9cmの正三角形1枚
合太毛糸……少々
わた……適量

作り方

1. 表布の縫い代に縁かがりミシンをかけ、菱刺しを刺す。
   刺す位置のまわり1cmくらい外側まで埋めるとよい。
   ＊図案は　4(p.65)・13(p.67)・36(p.69)
2. 表布の菱刺しを刺した部分は縮むため、でき上がり位置の印をつけ直し、縫い代を1cmにカットする。
3. 表布を中表に二つ折りにして脇を縫う。
4. 3の縫い目を中央にしてたたみ直し、下辺を縫う。
5. 表に返して底に厚紙を敷き、わたを詰めて返し口をとじる。
6. ポンポンを3個作り（直径3.5cm・50回巻く）、底の角に縫いつける。

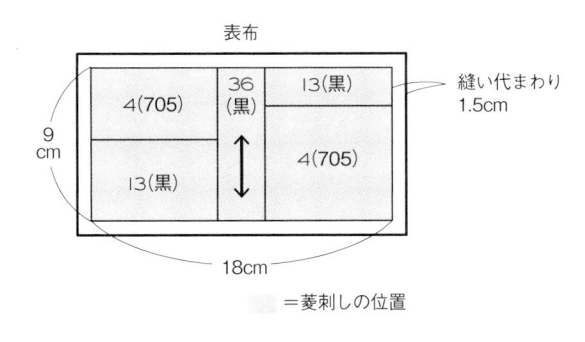

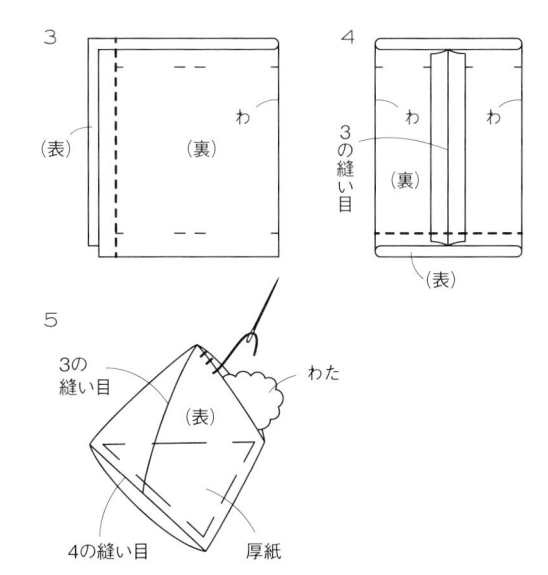

ポンポンの作り方

1. 厚紙を図のようにコの字形に切り、毛糸を指定の回数巻きつける。
2. 中心を別糸で結ぶ。
3. 糸を厚紙から外し、わを切る。
   2で中心を結んだ糸は、作品に縫いつけるのに使う場合などは切らずに残しておく。
4. バランスをみて球形に整える。

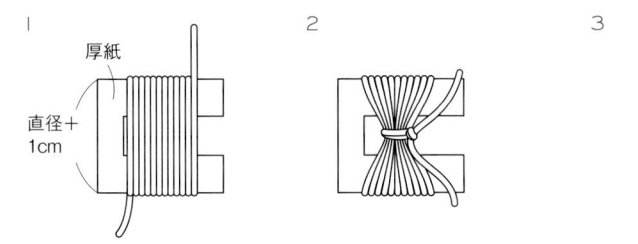

小さな針入れ >> p.17

size／（折った状態）縦 8.5cm 横 6.5cm

材料（1点分）

表布（麻布）…… A は幅 15cm ×長さ 10.5cm
　　　　　　　　 B は幅 10.5cm ×長さ 15cm
　A は 11 アイボリー、B は 1 ナチュラル
裏布（木綿布）……幅 15cm ×長さ 10.5cm
土台（フェルト）……幅 11cm ×長さ 7cm
こぎん糸……各1束
　| A　701（えんじ）・721（ローズ）
　| B　黒
接着芯……幅 13cm ×長さ 8.5cm
テープ（A のみ）……幅 0.5cm × 40cm
ひも（B のみ）……直径 0.3cm × 40cm
好みの色のビーズ……1 個
好みの色の糸（A のみ）……少々

作り方

1. 表布の縫い代に縁かがりミシンをかけ、菱刺しを刺す。

　＊図案は
　　| A　28（p.68）・83（p.79）・84（p.79）・85（p.79）
　　| B　17（p.67）・83（p.79）・84（p.79）・85（p.79）

2. 裏布に接着芯を貼る。
3. 裏布に土台を重ねて中央を縫う。
4. A はテープ、B はひもを縫い代に仮どめする。
5. 表布と裏布を中表に合わせ、返し口を残して縫う。
6. 表に返して返し口をとじる。
7. A はテープ、B はひもにビーズを通す。A はビーズの脇に糸を巻いて結びつけ、固定する。

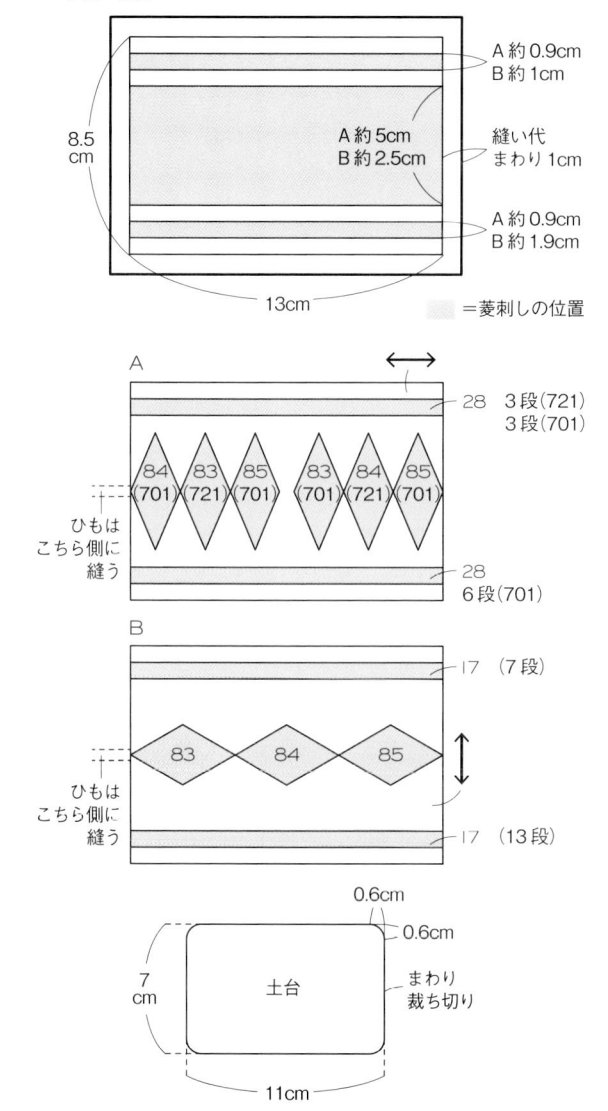

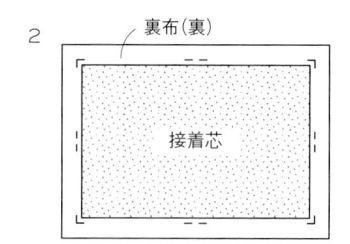

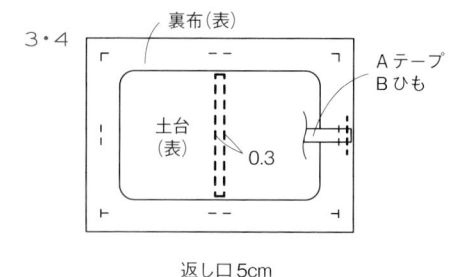

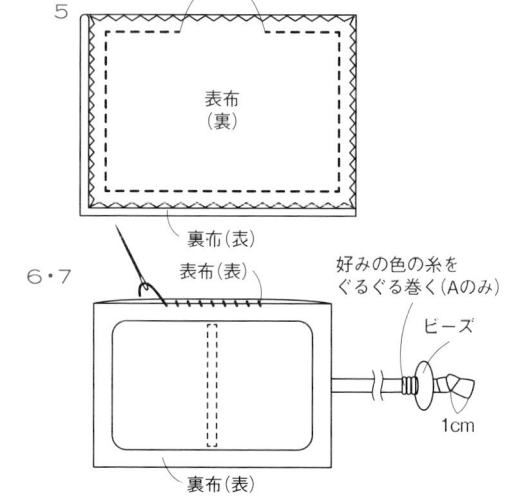

ブックカバー >> p.18

size／縦16cm　横13cm

材料

表布（麻布・1ナチュラル）
……幅18cm×長さ38.5cm
裏布（木綿布）……幅18cm×長さ38.5cm
薄手接着芯……幅36.5cm×長さ16cm
こぎん糸……2束　719（濃紺）
　　　　　　1束　705（青）
テープ……幅2.5cm×19cm
好みのチャーム……1個

作り方

1. ひもを作る。こぎん糸（濃紺）を二つ折りにして図のように撚ったものを2本作る。これを合わせてはじめと反対方向に撚る。チャームを通して先を結ぶ。
2. 表布の縫い代に縁かがりミシンをかけ、バランスをみて菱刺しを刺す。
   *図案は　29(p.68)・丸刺し参照図案(p.62)
   接着芯を貼り、テープとひもを縫い代に仮どめする。
3. 表布と裏布を中表に合わせて図の位置を縫い、縫い代を割る。縫い代の指定の位置に切り込みを入れる。
4. 3の縫い目をずらして裏布の切り込みの位置と合わせ、上下を縫う。
5. 3の縫い目と表布の切り込みの位置を合わせ、返し口を残して上下を縫う。
6. 返し口に粗い針目のミシンをかけ、アイロンでまわりの縫い代を割る。
7. 6の縫い目をほどいて表に返し、返し口をとじる。

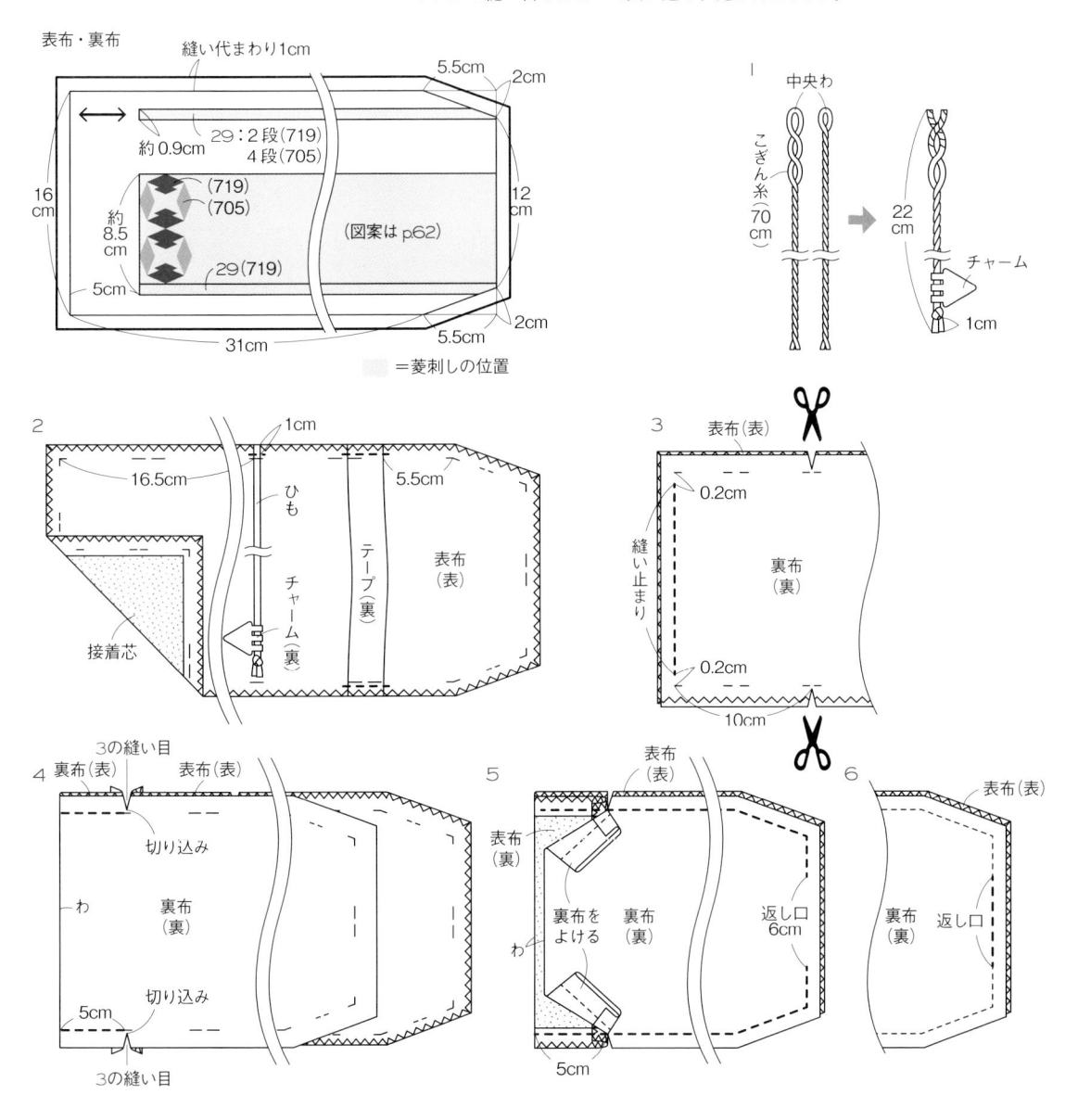

たて長バッグ >> p.19

size／縦 32.5cm　横 24cm

材料

表布（麻布・1ナチュラル）……幅 26cm ×長さ 67cm
裏布（木綿布）……幅 26cm ×長さ 67cm
こぎん糸……2束　生成り
接着テープ……幅 1.5cm × 48cm
テープ（麻）……幅 1.5cm × 1.2m

作り方

1. 表布の縫い代に縁かがりミシンをかけて菱刺しを刺し、入れ口に接着テープを貼る。
   *図案は　28のアレンジ（下記）・114(p.83)
2. テープを入れ口の縫い代に仮どめする。
3. 表布と裏布を中表に合わせて入れ口を縫う。
4. 入れ口を合わせてたたみ直し、一方に返し口を残して脇を縫う。
5. 脇の縫い代を割って表に返し、返し口をまつる。
6. 形を整えて入れ口にステッチをかける。

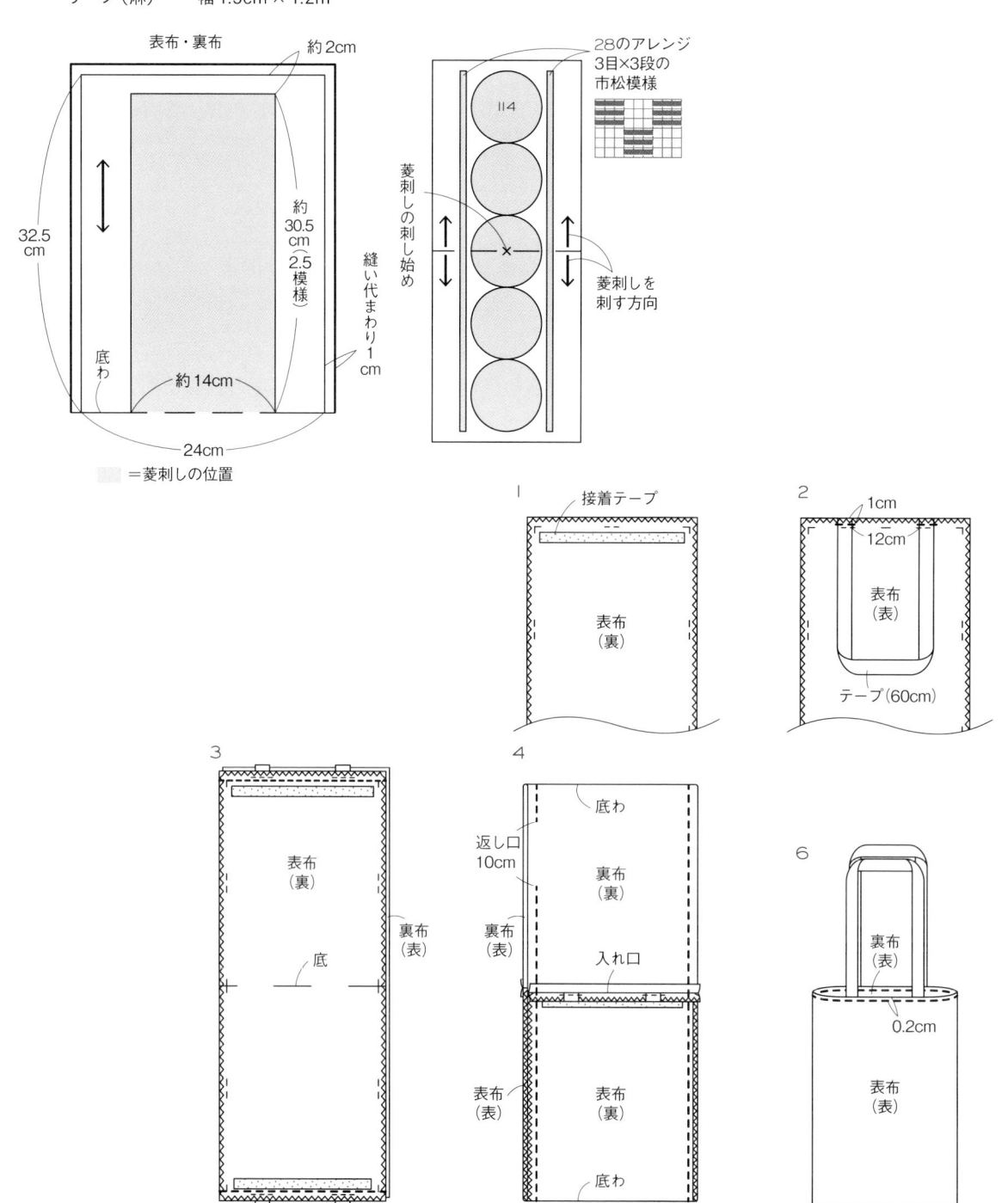

ミニバッグ >> p.19

size／縦 24cm　横 20cm

材料

表布（麻布・1 ナチュラル）……幅 42cm × 長さ 26cm
裏布（木綿布）……幅 42cm × 長さ 26cm
こぎん糸……1束　生成り
接着テープ……幅 1.5cm × 40cm
テープ（麻）……幅 1.5cm × 60cm

作り方

1. 表布の縫い代に縁かがりミシンをかけて菱刺しを刺し、入れ口に接着テープを貼る。
   *図案は　28(p.68)・116(p.84)
2. テープを入れ口の縫い代に仮どめする。
3. 表布と裏布を中表に合わせて入れ口を縫う。
4. 表布・裏布どうしそれぞれ中表に合わせ、裏布に返し口を残して脇と底を縫う。
5. 脇と底の縫い代を割って表に返し、返し口をまつる。
6. 形を整えて入れ口にステッチをかける。

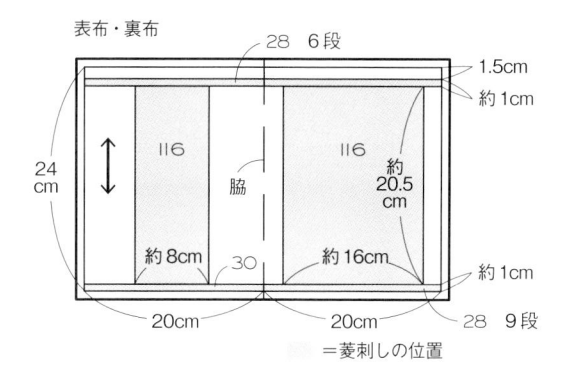

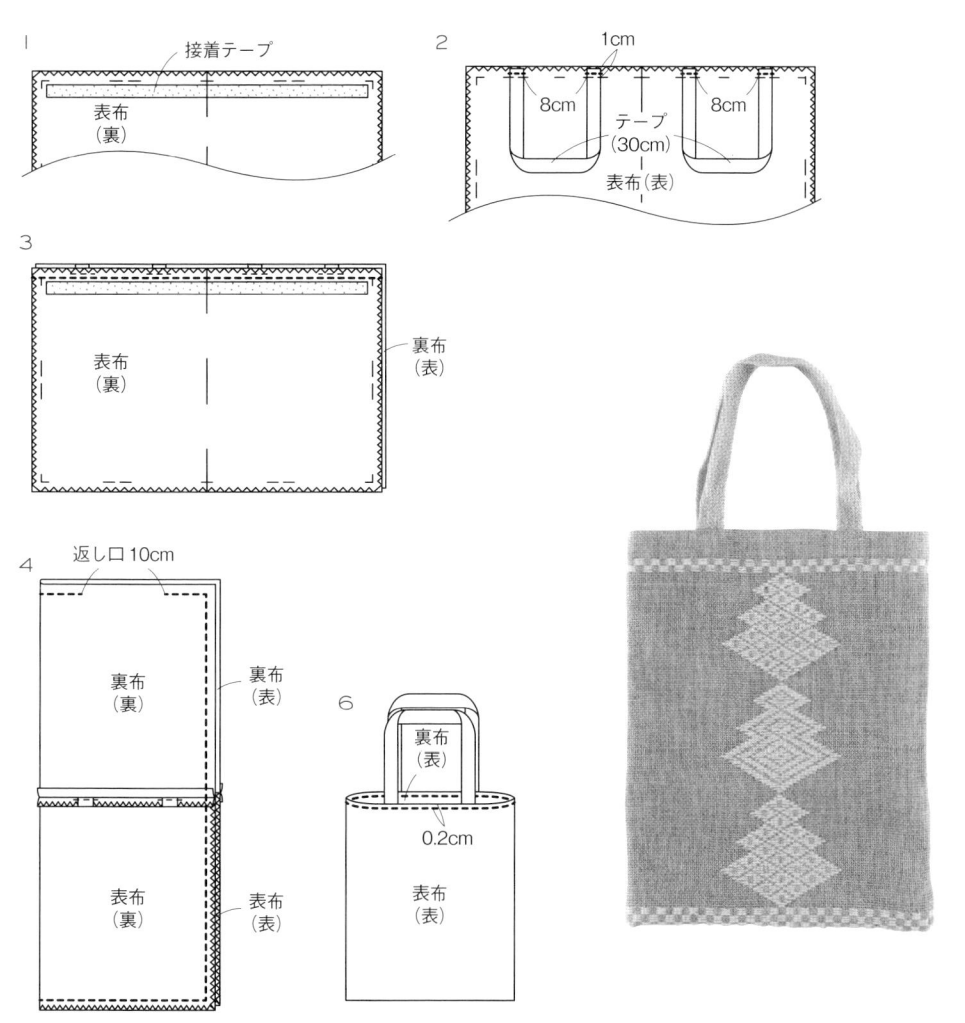

倉茂洋美

1955年生まれ。武蔵野美術大学卒。
2004年菱刺しに出合い、八田愛子氏に師事。2012年日本民藝館展にて「菱刺しの帯」準入選。昔からの菱刺しを継承し、また現代に適したモダンな模様合わせの菱刺し作品も提案して、展示会やワークショップ等を行い、菱刺しの普及に努めている。
http://c-c-hiromidi.wix.com/hishizashi

staff

デザイン	石田百合絵（ME&MIRACO）
撮影	砂原文（表紙、p.3〜53）
	白井由香里（p.54〜64）
スタイリング	前田かおり
小物作り方解説	吉田彩
図案・イラスト	ウエイド手芸制作部
編集協力	杵淵恵子
指導・協力	八田愛子、鈴木堯子

◎撮影協力
AWABEES
UTUWA

◎参考文献
『南部つづれ菱刺し模様集』田中忠三郎（北の街社）
『菱刺し模様集』八田愛子、鈴木堯子（菱刺し模様集刊行会）
『改訂新版 菱刺しの技法』八田愛子、鈴木堯子（美術出版社）
「民藝」2010年9月号

◎材料が購入できるお店
[この本で使用した糸、布]
ホビーショップ つきや
青森県弘前市土手町122-8　TEL 0172-32-2727
http://kogin.boo.jp/（問い合わせは電話にて）
[p.89の綿テープ、麻テープ]
越前屋
東京都中央区京橋1-1-6　TEL 03-3281-4911
http://www.echizen-ya.net/（オンラインショップあり）
[p.86の包みボタン]
Country Quilt Market
東京都杉並区西荻南3-6-2　TEL 03-5370-8383
http://www.cqmjp.com/

本書の内容に関するお問い合わせは、
お手紙かメール（jitsuyou@kawade.co.jp）にて承ります。
恐縮ですが、お電話でのお問い合わせは
ご遠慮くださいますようお願いいたします。

はじめての菱刺し

2015年9月20日　初版印刷
2015年9月30日　初版発行

著　者	倉茂洋美
発行者	小野寺優
発行所	株式会社河出書房新社
	〒151-0051　東京都渋谷区千駄ヶ谷2-32-2
	電話　03-3404-8611（編集）
	03-3404-1201（営業）
	http://www.kawade.co.jp/
印刷・製本	三松堂株式会社

Printed in Japan
ISBN978-4-309-28545-0

落丁・乱丁本はお取り替えいたします。
本書のコピー、スキャン、デジタル化等の無断複製は著作権法上での例外を除き禁じられています。
本書を代行業者等の第三者に依頼してスキャンやデジタル化することは、いかなる場合も著作権法違反となります。